C.H.BECK WISSEN

Albrecht Dürer (1471–1528) galt bereits zu Lebzeiten als großes Universalgenie. Heute ist er einer der bekanntesten deutschen Künstler überhaupt, versiert wie kaum ein anderer in den verschiedensten Medien und Techniken, sei es Zeichnung, Malerei oder Druckgraphik. Darüber hinaus ist Dürer in seiner lebenslangen Auseinandersetzung mit den theoretischen Grundlagen seines Schaffens seiner Zeit immer wieder um Jahrhunderte voraus. Thomas Schauerte, einer der besten Dürer-Kenner, zeichnet in diesem Band anschaulich das Leben dieses einflussreichen Künstlers nach und führt kompetent in sein bedeutendes Werk ein. Dabei liegt ein besonderer Schwerpunkt auf Dürers intellektuellem Umfeld und seiner geistigen Entwicklung. Sie beruht vor allem auf den schicksalhaften Begegnungen mit zwei großen Denkern seiner Zeit: Konrad Celtis und Willibald Pirckheimer.

Thomas Schauerte leitete von 2009 bis 2019 unter anderem das Albrecht-Dürer-Haus in Nürnberg und ist seither Direktor der Museen der Stadt Aschaffenburg. Seit 1997 hat er sich in zahlreichen Büchern, Aufsätzen und Vorträgen mit Dürer und seiner Zeit auseinandergesetzt.

Thomas Schauerte

ALBRECHT DÜRER

C.H.Beck

Mit 16 Farb- und 39 Schwarzweißabbildungen

Originalausgabe
© Verlag C.H.Beck oHG, München 2020
www.chbeck.de
Reihengestaltung Umschlag: Uwe Göbel (Original 1995, mit Logo),
Marion Blomeyer (Überarbeitung 2018)
Umschlagabbildung: Albrecht Dürer, *Selbstbildnis im Pelzrock*,
1500, München, Bayerische Staatsgemäldesammlungen,
© bpk/Bayerische Staatsgemäldesammlungen
Satz: Fotosatz Amann, Memmingen
Druck und Bindung: Druckerei C.H.Beck, Nördlingen
Printed in Germany
ISBN 978 3 406 75625 2

myclimate
klimaneutral produziert
www.chbeck.de/nachhaltig

Inhalt

1. Dürers Nürnberg – Wiege des deutschen Humanismus

Das meiste, was Albrecht Dürers Nürnberger Lebenswelt einst ausgemacht hat, ist kurz vor Kriegsende zugrunde gegangen. Darunter befand sich etwa sein mutmaßliches Geburtshaus beim Hauptmarkt, das zum Anwesen der Familie seines nachmals engsten Freundes Willibald Pirckheimer gehörte. Hier wohl kam er am 21. Mai 1471 als Sohn des angesehenen Goldschmieds Albrecht Dürer d. Ä. (ca. 1427–1502) und der Goldschmiedstochter Barbara Holper (1452–1514) zur Welt. Auch das mittelgroße Eckhaus am Burgberg, Stätte seiner Kindheit und von 1481 bis 1486 der Goldschmiedelehre beim Vater, ist untergegangen, und dies gilt schließlich wohl ebenso für die Malerwerkstatt des Michael Wolgemut (1434–1519), bei dem er bis 1490 seine zweite, entscheidende Lehre absolvierte.

Auch wenn der Wiederaufbau Nürnbergs große Rücksicht auf die Vorkriegsgestalt nahm und viele stadtprägende Bauten rekonstruiert wurden, ist seit dem Januar 1945 eines der bedeutendsten und geschlossensten europäischen Stadtensembles des Spätmittelalters unwiederbringlich verloren gegangen. Die Jahrzehnte um 1500, die auch Dürers Leben umschließen, gelten dabei bis heute als besondere Blütezeit der Reichsstadt. Sie befand sich zudem im Zenit ihrer politischen, wirtschaftlichen und militärischen Macht. Ein relativ geschlossenes Staatsgebiet, größer als so manches Fürstentum im Heiligen Römischen Reich, umgab die stark befestigte Stadt, und die Wege ihres Fernhandels und Geldes durchzogen die halbe Welt. Doch mit der Einführung des neuen Glaubens 1525 war das seit dem Hochmittelalter so enge Treueverhältnis zu Kaiser und Reich empfindlich gestört, und im Dreißigjährigen Krieg büßte die Stadt dafür schwer: Ohne je auch nur beschossen worden zu sein, waren doch das Umland verwüstet, die Staatsfinanzen desolat und die alten Handelswege unterbrochen. Bis zur Industrialisierung im 19. Jahrhundert setzte ein allmählicher Niedergang ein, und als das Reich 1806 aufgelöst wurde, konnte das einst so stolze Nürnberg der Annexion durch das neue Königreich Bayern keinen nennenswerten Widerstand mehr entgegensetzen – ein Tiefpunkt war erreicht. Dass er aber zugleich ein Wendepunkt wurde, hat nicht zuletzt mit der Person Albrecht Dürers zu tun: Die beiden romantisch gesinnten Erlanger Studenten Wilhelm Heinrich Wackenroder und Ludwig Tieck hatten 1796 Nürnberg besucht, und ihre Begeisterung für die «altfränkische» Stadt und ihren bedeutendsten Sohn kulminierte in der kleinen Schrift «Ehrengedächtnis unseres ehrwürdigen Ahnherrn Albrecht Dürers». Damit gehörte Nürnberg von Beginn an zu den Sehnsuchtsorten der – nicht nur deutschen – Romantiker mit ihrer schwärmerischen Mittelalter-Begeisterung.

Wie durch ein Wunder hat Dürers stattliches Haus am Burgberg, das ihm von 1509 bis zu seinem Tod am 6. April 1528 Wohn- und Arbeitsstätte gewesen ist, das Inferno 1945 überstanden (Abb. 1). Doch obwohl es schon 1828 als Künstlergedenkstätte eröffnet wurde, ist einzig die Küche noch in ihrer authentischen Funktion erkennbar geblieben. Wo Dürer also geschlafen, gegessen und vor allem: gearbeitet hat, ist heute kaum mehr nachvollziehbar.

Dabei hat es bis ins 18. Jahrhundert hinein kaum einen zweiten deutschen Künstler gegeben, dessen Leben so dicht von schriftlichen Quellen aus eigener und fremder Feder begleitet wird. Doch nimmt man die niederländischen Reisenotizen von 1520/21 (s. Kap. 8) aus, dann berichtet so gut wie kein Dokument von Dürers Alltagsleben, und auch der sonst so ergiebige Fundus historischer Gerichtsakten gibt bei ihm kaum etwas her. So darf man all den lateinischen Lobeshymnen von 1528 aus Anlass von Dürers Tod wohl Glauben schenken, wenn sie von seinem tadellosen Charakter und seiner entsprechenden Beliebtheit berichten. Dies wird umso plausibler, wenn man bedenkt, wie glatt und – zumindest äußerlich – konfliktarm sein Leben im Grunde verlaufen ist. Ernsthafte Künstler-Konkurrenten, die er mit allen Mitteln aus dem Wettbewerb hätte drängen müs-

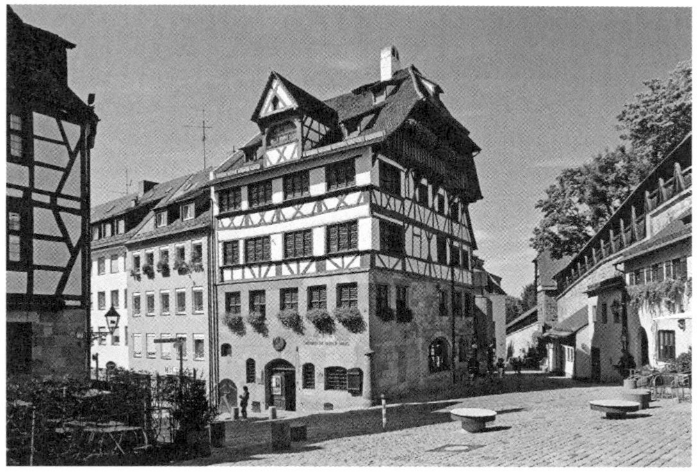

1 Dürer-Haus in Nürnberg

sen, gab es weder in Nürnberg noch anderswo, und der größte Schmerz, von dem er selbst berichtet, war der Tod seiner Eltern 1502 und 1514, die zudem beide ein relativ hohes Alter erreicht hatten. Auch verzeichnet er sorgsam, dass von seinen insgesamt 17 Geschwistern 15 im frühen Kindesalter verstorben waren. Überlebt hatten nur seine beiden Brüder Endres (1484–1555) und Hans (1490–1534), die aber – wie Dürer selbst – kinderlos starben, der eine als Goldschmied, der andere als Maler im fernen Krakau. Wenn Dürer seine Eltern also als fromm und rechtschaffen, aber streng und wohl auch ein wenig grämlich charakterisiert, überrascht das angesichts all dieser Schicksalsschläge kaum.

Doch wird in Dürers Kindheit auch die Basis für einen schwerwiegenderen Konflikt gelegt, der ihn sein ganzes Leben lang belasten sollte, der zugleich aber auch kreative Kräfte freisetzte. Denn so dürftig wie die einzige, knappe Nachricht darüber ist auch seine Schulbildung gewesen: Lesen und Schreiben, vielleicht noch die Grundrechenarten waren das, was für den Sohn eines Handwerkers, der ja seinerzeit selbst nicht mehr gelernt hatte, als ausreichend angesehen wurde. Zudem waren die vier Nürnberger Lateinschulen alle in kirchlicher Hand, und selbst für einen so frommen Mann wie Dürer senior dürfte das Risiko zu groß gewesen sein, seinen talentierten Ältesten in eine Klerikerlaufbahn entschwinden zu sehen. So deutet nichts darauf hin, dass der Knabe, der in seinen Lehrbüchern einmal Perspektivik und die menschliche Proportion, Geometrie, Algebra und sogar Festungsbaukunde behandeln sollte, der Astronomie und das Lautenspiel betrieb, mehr als eine schulische Grundausbildung genossen hatte. Doch blieb ihm dabei vor allem die lateinische Sprache als universaler Zugang zu jeder geistigen Verfeinerung und als Basis der humanistischen Bewegung zeitlebens verschlossen. Umso verblüffender also, wie Dürer auf dieser schmalen Bildungsgrundlage zu einem der bedeutendsten Stilisten der frühen deutschsprachigen Wissenschaftsprosa werden konnte.

All diese Bemerkungen müssen aber hinter der Feststellung zurückstehen, dass es in Dürers Jugend auch viele äußerst glückliche Weichenstellungen gegeben hat, die so in kaum einer anderen Stadt denkbar gewesen wären. Sie sollten ihm alsbald helfen, die Grenzen vom Handwerk zur Hochkultur auf seine Weise – mit seinen Werken nämlich – zu überwinden. Da war zunächst der Umstand, dass Nürnberg einer der Hauptorte des deutschen Frühdrucks war und dass bei seiner Taufe mit dem ehemaligen Goldschmied Anton Koberger (1440–1513) ein Mann Pate gestanden hatte, der ab den 1480er Jahren zu einem der größten Druckunternehmer Europas werden sollte und mit Blick auf Dürers Karriere kaum zu überschätzen ist. Für seine meist lateinischen Bücher pflegte Koberger Kontakte und Vertriebswege über den gesamten Kontinent hinweg – zu den gleichen gebildeten und wohlhabenden Kunden, die sich wenig später auch für Dürers Druckgrafik interessieren sollten. Bemerkenswert ist ferner, dass der junge Dürer die Goldschmiedelehre beim Vater 1486 nach immerhin fünf Jahren zugunsten einer erneuten Ausbildung abbrechen konnte, was diesen nach Dürers eigenem Bericht wegen der verlorenen Zeit auch zutiefst verdross. Wie sich hier der unmündige Sohn hatte durchsetzen können, der seinem Vater eigentlich absoluten Gehorsam schuldig gewesen wäre, bleibt ein Rätsel, so dass gewichtige Fürsprecher – Michael Wolgemut selbst, Pate Koberger oder der einflussreiche Sebalder Kirchenpfleger Sebald Schreyer – in Erwägung gezogen werden müssen. Immerhin gab es ein starkes Argument für den Wechsel in die Werkstatt Wolgemuts: Die Buchillustration schickte sich soeben an, von einem vernachlässigten Randbezirk der grafischen Künste zu einer echten Innovations- und Wachstumsbranche zu werden, und seine Malerlehre bei Wolgemut brachte für Dürer bedeutende Impulse in genau diese Richtung. Dort nämlich wurden zwei herausragende Werke des frühen Buchdrucks, der *Schatzbehalter* und die berühmte *Schedelsche Weltchronik*, mit Hunderten von Holzschnitten höchst aufwendig, vielfach ganz- oder sogar doppelseitig illustriert und 1489 und 1493 bei Koberger gedruckt. Deren neuartige Qualität bedeutete einen Quantensprung in der Ausstattung teurer Bücher; doch vor allem eröffnete sich hier für den Künstler neben der Malerei und dem bereits blühenden Kupferstich ein neues, unabsehbar weites Betätigungsfeld, das keinen Beschränkungen durch strenge Zunftordnungen unterlag. Es ist naheliegend, dass der junge Dürer, der die Gattung Holzschnitt schon wenige Jahre später revolutionieren sollte, an diesen so umfangreichen Arbeiten in irgendeiner Form beteiligt gewesen sein dürfte, ja vielleicht waren die beiden Großaufträge und der entsprechende Personalbedarf sogar ein gewichtiges Argument für Dürers Wechsel in Wolgemuts Malerwerkstatt gewesen.

Damit aber ist zugleich ein altes Problem der Dürer-Forschung angesprochen: die nur punktuelle Überlieferung eines druckgrafischen oder malerischen Frühwerks und die kaum schlüssig zu beendende Diskussion um Nürnberger Buchholzschnitte, die Dürers Autorschaft oder zumindest seine Beteiligung daran erkennen lassen. Dies muss ebenso für Tafelbilder und Altäre aus dem Umkreis der Wolgemut-Werkstatt gelten. Immerhin lassen sich auf dem Wege der Stilkritik im *Schatzbehalter* eine Reihe von Merkmalen benennen, die später auch auf sicher zuschreibbaren Dürer-Holzschnitten zutage treten: die reduzierte und dennoch charakteristische Schilderung von

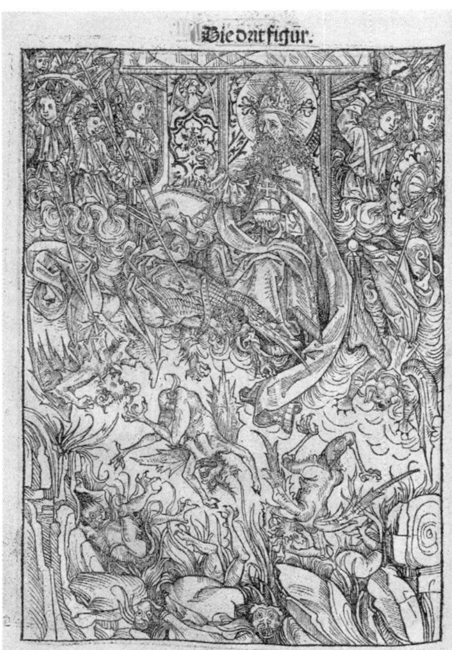

2 Albrecht Dürer (?), *Höllensturz*, Buchholzschnitt aus: Stephan Fridolin, *Der Schatzbehalter*, Nürnberg 1491, fol. 13 r, München, Bayerische Staatsbibliothek, Sign. Rar. 293 b

3 Albrecht Dürer, *Selbstporträt*, 1491, Federzeichnung, 20,4 × 20,8 cm, Universitätsbibliothek Erlangen-Nürnberg, Graphische Sammlung, Inv.-Nr. B 155 v

Landschaften, das Gefühl für Perspektivität und die räumliche Verortung der Figuren, für die dramatischen Momente der Handlung und die deutlichen Ansätze zu einer Individualisierung menschlicher Gesichter selbst in kleinstem Format. Die *Höllensturz*-Szene des *Schatzbehalters* (Abb. 2) zeugt hier nicht nur von blühender Fantastik und Dramatik, sondern besticht nicht zuletzt durch eine sichere und geschmeidige Linienführung, wobei die Physiognomien der Engel auch in gesicherten Werken Dürers auftauchen. Vieles weist hier zudem auf die zweigeteilten Bildräume der *Apokalypse* voraus (Abb. 20, 21) und hallt noch in einer von Dürers frühesten Buchillustrationen nach, die 1489 als Titelholzschnitt eines lateinischen Lobgedichts der jungen venezianischen Humanistin Cassandra Fedele bei Konrad Danhauser in Nürnberg erschien. Nicht nur hatte es

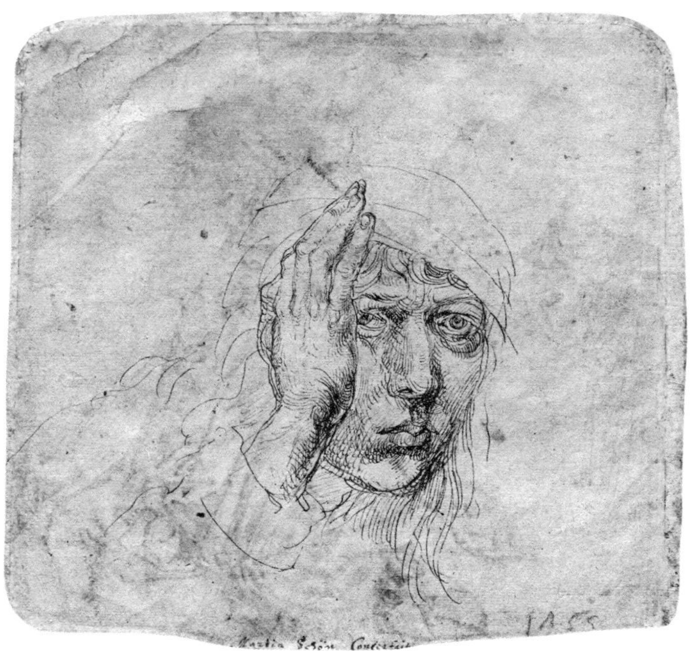

Dürers Mentor Sebald Schreyer herausgebracht, sondern das Büchlein enthält auch die programmatische *Ode an Apoll* des Humanisten, Dichters, Philologen und Kulturpolitikers Konrad Celtis (1459–1508), mit dem Dürer alsbald in engsten Kontakt kommen sollte.

1490 jedenfalls hatte Dürer bei Wolgemut ausgelernt und begab sich nun auf die vorgeschriebene mehrjährige Wanderschaft. Ihr Schwerpunkt lag in der reichen Kulturlandschaft des Oberrheins – doch eines ihrer mutmaßlichen Hauptziele hat sie verfehlt: einen Besuch, vielleicht sogar längeren Aufenthalt beim Großmeister des Kupferstichs, Martin Schongauer (ca. 1445–1491), in der Reichsstadt Colmar. Immerhin scheinen die Brüder des Verstorbenen Dürer Einsicht in dessen künstlerische Hinterlassenschaft gewährt zu haben. Vermutlich aus dem Todesjahr Schongauers stammt auch eines der bemerkenswertesten *Selbstporträts* Dürers (Abb. 3): Auf der Rückseite einer Darstellung der Heiligen Familie gibt sich der damals Zwanzigjährige mit wenigen, schnellen Strichen auf eine Weise wieder, die mit den Konventionen gemalter Bildnisse nicht das mindeste zu tun hat und damit schlichtweg einzigartig ist: Schwer ruht der Kopf in der aufgestützten Rechten, und entsprechend düster blickt der junge Mann beim Zeichnen in den Spiegel vor sich. Auch wenn man sich nach einem halben Jahrtausend vor psychologisierenden Interpretationen hüten muss, spricht es für sich, dass sich der Künstler ausgerechnet in einer solchen Verfassung porträtiert. Man denkt an einen persönlichen Rückschlag und die entsprechende jugendliche Skepsis. Jedenfalls erscheint 1514 die Wiederkehr dieser Kopfhaltung im Kupferstich *Melencolia I* (Abb. 43) aus dieser Perspektive als folgerichtig.

Doch haben sich aus jenen Jahren keine Altäre oder Epitaphien erhalten, bei denen sich Dürers Mitarbeit als Malergeselle in einer oberrheinischen Werkstatt mit hinreichender Sicherheit nachweisen ließe. Bilder wie das anrührende kleine Pergamentblatt *Jesuskind mit der Weltkugel*, dessen zartes Inkarnat effektvoll mit Weißhöhungen versehen wurde, als mutmaßlicher Neujahrsgruß auf das Jahr 1493 (Abb. 15) legen den Schluss nahe, dass es sich hier um eine Gelegenheitsarbeit im Bereich der Privatfrömmigkeit handelte, mit der sich die strenge Aufsicht städtischer Zunftordnungen wohl leicht unterlaufen ließ. Letzteres gilt sicher auch für das erneut auf Pergament gemalte und ebenfalls 1493 datierte *Selbstporträt*, das als das wohl früheste vollwertige und autonome Künstlerselbstbildnis überhaupt gelten kann (Abb. 16). Die reiche Gewandung mit golddurchwirkten Borten und Nesteln passt so wenig zu einem Wandergesellen, dass der Zweck am ehesten in der – dann offenbar wenig erfolgreichen – Einwerbung von Porträtaufträgen zu sehen ist. Auch die Bildnisse der Eltern müssen wohl unter diesem Blickwinkel gesehen werden. Die stachlige Silberdistel, die der junge Dürer in der Rechten hält, ließe sich als Verweis auf das Leiden Christi gut mit dem alemannisch eingefärbten Motto neben der Jahreszahl in Einklang bringen, das sinngemäß besagt: Mein

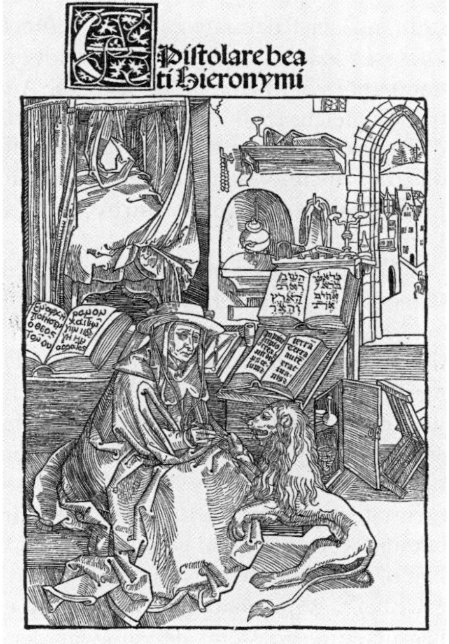

4 Albrecht Dürer, *Der hl. Hieronymus in der Stube*, Titelholzschnitt zu: *Epistolare beati Hieronymi*, Basel 1492, 19 × 13,3 cm, Freiburg, Universitätsbibliothek, Sign. Ink. 4° K2621 fe

Schicksal ruht in Gottes Hand. Man fühlt sich angesichts der noch ungewissen Zukunft des jungen Mannes, der ja die Übernahme der väterlichen Werkstatt abgelehnt hatte, unweigerlich an die tiefe Skepsis erinnert, von der die Erlanger Federzeichnung geprägt ist (Abb. 3).

Wenn also die Ausbeute auf malerischem Gebiet quantitativ so dürftig ausfällt, bleibt für Dürers Wanderjahre eigentlich nur ein Schluss: Er muss sein Auskommen vor allem im jungen und stark expandierenden Metier der Buchillustration gesucht und gefunden haben. Und in der Tat betritt man erst hier wieder hinreichend gesichertes Terrain – wenn auch nur durch einen glücklichen Zufall. Denn für den Titelholzschnitt einer Ausgabe der *Briefe des hl. Hieronymus* (Abb. 4), die 1492 bei Nikolaus Kessler in Basel erschien, hat sich der Druckstock erhalten, und in einer Auszeichnungsschrift, wie sie Dürer damals verwendete, steht auf der Rückseite zu lesen: *Albrecht dürer von nörmergk*. Dies ist zunächst Beleg für Aufenthalt und Tätigkeit in Basel, sodann aber vor allem der Versuch, die Anonymität der Buchillustration gleichsam durch die Hintertür aufzubrechen. Und genau das sollte für Dürer zu einer Lebensaufgabe werden: zu zeigen, dass der Buchholzschnitt ebenso viel künstlerische Hingabe und Individualität verlangen durfte wie alle anderen Formen der Druckgrafik.

Werke wie dieses und vielleicht auch die Empfehlungen seines Paten Koberger brachten Dürer dann schließlich die Beteiligung an einem der größten Bucherfolge der Inkunabelzeit: Dr. Sebastian Brants *Narrenschiff*, das 1494 auf Deutsch bei Johann Bergmann erschien (Abb. 5). Der Basler Rechtsdozent und Humanist war einer der produktivsten Publizisten seiner Zeit und vereinigte klassische Bildung und tiefe Frömmigkeit mit einem hohen moraldidaktischen Anspruch. So stellt die berühmte Satire menschliche Dummheit und Eitelkeit auf ebenso geistreiche wie witzige Weise bloß und verschont dabei auch Adel und Geistlichkeit nicht. Doch steht dahinter ein tiefer Ernst, der sich erst dann erschließt, wenn man sich vom heute eher harmlosen Narrenbegriff entfernt. Denn damals war der Narr Sinnbild des verstockten Sünders, dem die ewige Verdammnis sicher war – und je mehr man von den geschilderten Torheiten lachend bei sich selbst entdeckte, desto mehr lag darin die Notwendigkeit innerer Ein- und Umkehr. Die hier gezeigte Illustration zum Kapitel *Vom Tanzen* richtet sich an jene Närrinnen und Narren, die über ihrem Laster das Gebet vergessen, wie das Beutelbuch am Gürtel des linken Mannes signalisiert. Nicht minder deutlich wird hier auf den alttestamentlichen Tanz um das Goldene Kalb als Sinnbild der frevelhaften Abkehr von Gott verwiesen. Dem steht die Harmonie und Eleganz der Faltenschwünge beim mittleren Paar auf dem nur knapp zwölf Zentimeter hohen Bild gegenüber. Auch legt die genaue Beobachtung der Physiognomien, Hände und Gewänder nahe, dass Dürer das Schneiden der Stöcke kaum fremden Händen überlassen haben kann. Wichtig dürfte für ihn aber auch die Erfahrung gewesen sein, welch durchschlagenden

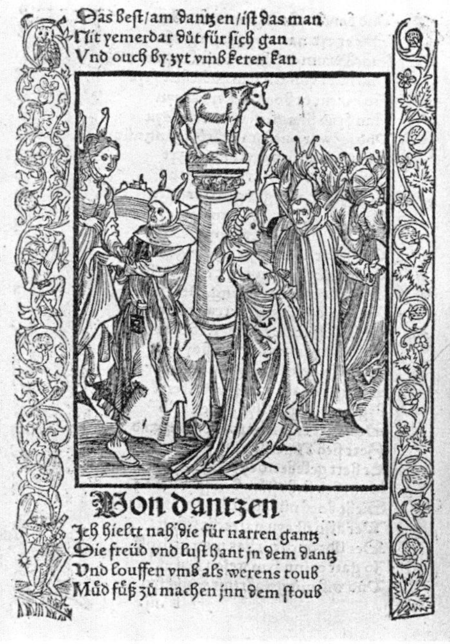

5 Albrecht Dürer, *Von dantzen*, Buchholzschnitt aus: Sebastian Brant, *Daß Narren schyff*, Basel 1494, fol. K iiiv, München, Bayerische Staatsbibliothek, Sign. Rar. 121

Erfolg man mit deutschsprachigen, illustrierten Publikationen erzielen konnte: Noch im selben Jahr erschien das Werk ein weiteres Mal in Nürnberg – wenn auch nicht mit seinen Illustrationen, sondern mit wesentlich schlichteren Holzschnitten, die Dürers Anspruch auf eine technische Verfeinerung dieses Mediums umso schlagender verdeutlichen. An diese Stelle gehört auch der Verweis auf ein etwas später entstandenes Buchkunstwerk, das erst in den letzten Jahren als Schöpfung Dürers erkannt wurde. 1497 erschien ein geistlicher Ratgeber bei Konrad Kachelofen, einem Leipziger Verleger, mit dem auch Konrad Celtis schon früh zusammengearbeitet hatte. Er enthält auf der letzten Seite dessen Buchdruckerzeichen (Abb. 6), das sich bei genauerem Hinsehen als seitenrichtige und gleich große Kopie des Schongauer-Kupferstichs eines Wappenhalters erweist (Abb. 7) – aller-

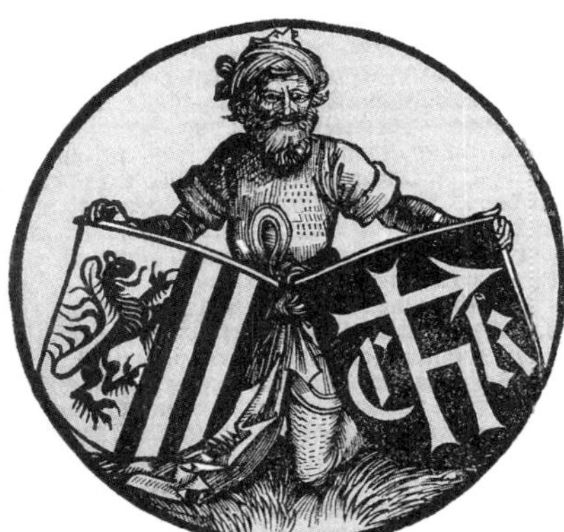

6 Albrecht Dürer, *Druckersignet für Konrad Kachelofen*, 1497, Buchholzschnitt (Explicit), Dm. 7,7 cm, aus: Michael Lochmair, *Parochiale curatorum*, Leipzig 1497, Herzog August Bibliothek Wolfenbüttel, Sign. 82-8-quod-2

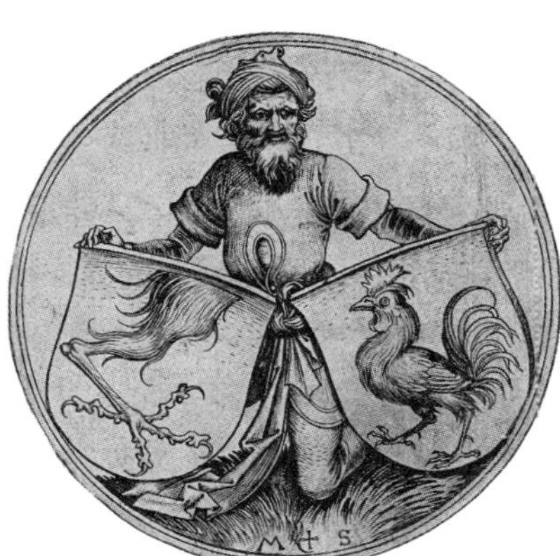

7 Martin Schongauer, *Orientale mit zwei Wappenschilden*, ca. 1463/82, Kupferstich, Dm. 7,7 cm, London, The British Museum, © Trustees of the British Museum, Inv.-Nr. 1854,0708.2

dings im weitaus gröberen Medium des Holzschnitts. Mit diesem Kunststück hat Dürer dem großen Meister aus Colmar nicht nur seine Reverenz erwiesen, sondern zugleich die bislang engen technischen Grenzen des Holzschnitts in einer kaum noch steigerbaren Weise erweitert. Wenn Celtis alsbald also Dürer zum bevorzugten Bildrhetoriker seiner humanistischen Erweckungsbewegung erwählte, dann stand ihm damit der damals versierteste Meister der Druckgrafik zur Seite.

2. Intellektuelle Impulse: Dürer und Konrad Celtis

Dürers geistige Entwicklung ist nicht nur unlösbar mit seinem künstlerischen Werden verbunden, sondern auch in einer ganz außergewöhnlichen Dichte dokumentiert. Sie lässt sich zwanglos in zwei Phasen unterteilen, weil sie nachhaltig vom Einfluss zweier der bedeutendsten deutschen Humanisten und Literaten ihrer Epoche geprägt ist: Konrad Celtis für die Jahre ab etwa 1495 bis 1502 und Willibald Pirckheimer für Dürers restliche Lebenszeit. Indem sich der Künstler an diese beiden großen Intellektuellen engstens anschloss, konnte er nicht nur sein gravierendes Bildungsdefizit kompensieren. Vielmehr konnte er darauf hoffen, dass mit ihrem literarischen Durchbruch auch die Kupferstiche und Holzschnitte, die in diesem geistigen Klima entstanden waren, eine ganz andere Breitenwirkung erfahren würden. Doch weder Celtis noch Pirckheimer gelang dieser Durchbruch, und dies zählt zu den tragischen Momenten im Leben der drei Männer.

Dass sich der deutsche «Erzhumanist» Celtis die Reichsstadt Nürnberg als wichtigsten Resonanzboden für seine rastlosen Aktivitäten auserwählt hatte, war alles andere als ein Zufall. Und da es für seine Vorstellungen von der Ausbreitung des Humanismus essenziell war, erstmals auch das Medium der Druckgrafik konsequent heranzuziehen, musste er – wann und wie auch immer – beinahe schon zwangsläufig auf den begabtesten jungen Künstler der Stadt stoßen.

Was aber ist «Humanismus», und warum ist er für Dürers Biografie so wichtig?

Vielleicht begreift man ihn zunächst am besten als eine Art allumfassende Bildungs- und Lebensreform. Seinen Ursprung hatte er um 1300 in Italien genommen und sich dann über die deutschen Studenten und Professoren an den italienischen Universitäten im Laufe des 15. Jahrhunderts auch im Reich allmählich verbreitet. Das zentrale Medium des Humanismus war zunächst die Literatur, die sich an den großen Autoren und Denkern der Antike orientierte. Dem entsprach in der Philosophie eine neue starke Hinwendung zu den Werken Platons, die als Neuplatonismus nun in eine entscheidende Entwicklungsphase getreten war. Ziel all dessen war im Kern eine selbstbewusstere Neupositionierung des Menschen gegenüber Gott innerhalb einer zu reformierenden Kirche: Nach dem Vorbild der römischen und griechischen Kultur sollte er durch eine umfassende Bildung in die Lage versetzt werden, seine persönliche Individualität freier zu entfalten. Dass dies unsanft auf den Alleinvertretungsanspruch der Kirche für jede Form von geistigem Leben prallen musste, liegt auf der Hand, und es waren vor allem die Dominikaner, die diesen Fehdehandschuh verbissen aufnahmen. Ihr Vorwurf eines «Neu-Heidentums» an die Adresse der Humanisten war ein absichtsvolles Missverständnis, ging es diesen doch vor allem um die Integration der antiken Errungenschaften in eine geläuterte, individualisierte Glaubenspraxis und nicht um die Errichtung einer heidnischen Gegenkultur.

Das alles fand nun seine Parallelen nicht zuletzt in Kunst und Architektur, hier zunächst in der Renaissance florentinischer Prägung. Antikenrezeption, Perspektivkonstruktion, Anatomik und ein neues szenisches Pathos sind die wesentlichen Merkmale dieser künstlerischen Neuorientierung. Und die emanzipatorischen Aspekte des Humanismus schlugen sich natürlich auch im intellektualisierten Bild des Künstlers als eines selbstbewussten Schöpfers unverwechselbarer Werke nieder, die ihn nun weit über den Handwerkerstand erhoben, aus dem er ursprünglich kam. Doch was konnte der junge Dürer davon gewusst, was sich davon versprochen haben? Die Italienerfahrung der Nürnberger Frühhumanisten basierte vor allem auf den Schriften oder bestenfalls auf Skulpturen und Münzen der Antike, niemals jedoch auf dem aktuellen Kunstgeschehen in Oberitalien.

So wird es kaum mehr restlos zu klären sein, warum Dürer, der zu Ostern 1494 erst von seiner Gesellenwanderung zurückgekehrt war, sich vermutlich schon im Jahr darauf erneut auf eine große Reise begab. Dies erstaunt umso mehr, als er damals auf Weisung seines Vaters gerade die Handwerkertochter Agnes Frey (1475–1539) geheiratet hatte, womit eine zeittypische Zweckehe ihren Anfang nahm, die nicht immer erfreulich verlaufen zu sein scheint. Die Reise jedenfalls führte Dürer in das heutige Südtirol, damals der südlichste deutschsprachige Teil des Reiches, und wahrscheinlich bis nach Venedig. Doch jenseits der Sprachgrenze bleiben Stationen und Dauer völlig im Ungewissen. Die Beherrscherin der Adria pflegte als eine der mächtigsten Handelsnationen enge Beziehungen zu der fränkischen Reichsstadt, und wenn die deutschen Kaufleute den weitaus größten Teil der in Venedig lebenden Ausländer stellten, dann dominierten unter diesen wiederum die Nürnberger.

Immerhin gab es damals mit Konrad Celtis einen mächtigen Anwalt für die Kulturtechnik des Reisens zur Erweiterung von Wissen und Bewusstsein. Er saß bereits an der – niemals vollendeten – *Germania illustrata*, einer bebilderten, historisch-patriotischen Landesbeschreibung, und so könnte er es gewesen sein, der den Künstler zur Fahrt in den Süden animiert hatte. Dafür sprechen dessen berühmte Landschaftsaquarelle, die damit als Anschauungsmaterial für den Daheimgebliebenen und sein Werk gedient hätten. So präzise zeigt etwa die Ansicht von Stadt und Burg Arco die topografischen, aber auch architektonischen Details dieser eindrucksvollen Bergbefestigung, dass eine ausführliche literarische Beschreibung ein Leichtes gewesen wäre (Abb. 17). Was Dürer hingegen von dieser Reise sonst noch mitbrachte, wurde seit dem 19. Jahrhundert von einer traditionell an Italien orientierten Kunstgeschichte beinahe schon notorisch zu einem Erweckungserlebnis stilisiert, zum «Befreiungsschlag» gegen die spätgotischen Traditionen, denen er entstammte. Er selbst jedoch erwähnt die Fahrt in seiner Familienchronik überhaupt nicht, und dass sie sein eigenes Schaffen oder gar den Gang der deutschen Kunstgeschichte revolutioniert hätte, ist konkret überhaupt nicht nachweisbar.

Euphorisches Erneuerungsstreben musste sich der junge Dürer also nicht erst in Italien holen, denn er fand es in seinem intellektuellen Nürnberger Umfeld in Fülle, und indem er sich nun mit durchschlagendem Erfolg anschickte, Kupferstich und Holzschnitt inhaltlich stark aufzuwerten und technisch an die Grenzen ihrer Möglichkeiten zu führen, ließ er die Werke der italienischen Zeitgenossen weit hinter sich. All dies aber eröffnete ihm ganz reell die Chance, von Beginn an maßgeblich an einem ehrgeizigen Projekt beteiligt zu sein: die Steigerung aller Errungenschaften von Humanismus und Renaissance in Italien und ihre Übertragung auf das Heilige Römische Reich deutscher Nation. Denn Konrad Celtis vertrat die These, dass Deutschland als das vermeintlich älteste und vornehmste unter den christlichen Reichen politisch-militärisch, vor allem aber kulturell weit hinter seinen Möglichkeiten zurückbliebe. Abhilfe tat also dringend Not, und Celtis setzte dort an, wo er selbst am stärksten war: in der Literatur, was hier nicht nur Dichtung im engeren Sinne meint, sondern auch die Fachliteraturen der Theologie, der Philosophie, der Naturwissenschaften, der Geschichtsforschung und nicht zuletzt der Philologie einschloss. Deren vornehmste Aufgabe wurde es nun, all die alten, verschollenen Texte wieder ans Tageslicht zu fördern, die die vermutete einstige Größe des Reiches klar belegen sollten. Hier ist noch einmal in Erinnerung zu rufen, dass der – historisch unhaltbare – direkte Übergang des römisch-antiken Weltreichs auf die Deutschen im übrigen Europa zwar vielfach bezweifelt, im Wesentlichen aber doch widerwillig akzeptiert wurde. Diese «deutsche Antike» galt es nun also wiederzuentdecken und regelrecht zu rekonstruieren, und dass die einstige Größe auch äußerlich ihre angemessene Form erhielt, wurde nun Aufgabe der Bildenden Künste. Sie sollten im Verein mit der Literatur zu Bestandteilen einer universalen Rhetorik verschmelzen, mit deren Hilfe die deutschen Fürsten, aber auch die gesamte Schuljugend und Studentenschaft für die gemeinsame Sache von Humanismus und Antikenerneuerung gewonnen werden konnten.

Hier nun war Nürnberg von Celtis zu dem begnadeten Ort erklärt worden, an dem sein persönlicher Leitstern, der antike Musengott Apoll, den Fuß erstmals wieder in die rauen Gefilde Deutschlands setzen sollte. Und in seiner eigenen Wahrnehmung hatte durch unermüdliche aufklärerische Tätigkeit Celtis selbst dafür den Boden bereitet. Eines der wichtigsten, heute eher verkannten Resultate war dabei 1496 die Gründung der Nürnberger «Poetenschule» gewesen, die mühsam gegen hartnäckigen Widerstand durchgesetzt werden konnte. Dort wurde nun – ohne jeden kirchlichen Einfluss – Söhnen aus meist patrizischen oder adeligen Häusern anhand von überwiegend antiker Literatur klassische Bildung als die bestmögliche Vorbereitung für das eigentliche Universitätsstudium vermittelt – womit hier auch die idealen Rezipienten für Dürers anspruchsvolle Druckgrafik herangezogen werden sollten.

Dies hatte für die Knaben, aber ebenso für Celtis selbst und sein intellektuelles Umfeld auch eine durchaus pragmatische Seite. Denn als «Poeten» im erweiterten Sinne sollten sie später zu engsten Vertrauten und Beratern der Mächtigen aufsteigen. Und dafür bot die Antike ein berühmtes Vorbild: Alexander der Große, der in seiner Jugend von Aristoteles, einem der berühmtesten Philosophen des Altertums, erzogen worden war. So ist es naheliegend, dass auch Dürer sich intensiv mit dem *Alexander-Motiv* befasst hat (Abb. 9). Dies geschah in dem großen, mit äußerster handwerklicher Sorgfalt ausgeführten Holzschnitt, der bislang unter dem nichtssagenden Titel *Reiter und Landsknecht* geführt wurde. Doch in Wahrheit vollzieht sich hier eine Szene, die den dramatischen Höhe- und Wendepunkt eines deutschen Romans zur Grundlage hat, der sich das gesamte Spätmittelalter hindurch auch als Schulstoff größter Beliebtheit erfreute und in zahlreichen illustrierten Auflagen erschienen war: der Alexander-Roman des Johannes Hartlieb. Dieser zeichnet ein ausgeprägt positives Bild des heidnischen Welteroberers, den er in Jerusalem instinktiv vor dem fremden, alttestamentlichen Gott niederknien lässt, so dass die heilige Stadt auch militärisch verschont bleibt. Hier also zeigt sich einmal mehr eines der humanistischen Kernanliegen: die positive Eingliederung der antiken Kultur in den göttlichen Heilsplan. Gezielt hat Dürer jene Szene ausgewählt, in der der Held mit seinem Gefolge zu zwei weissagenden Bäumen gelangt, die ihm nun unerbittlich prophezeien, dass er schon binnen kurzer Zeit eines ge-

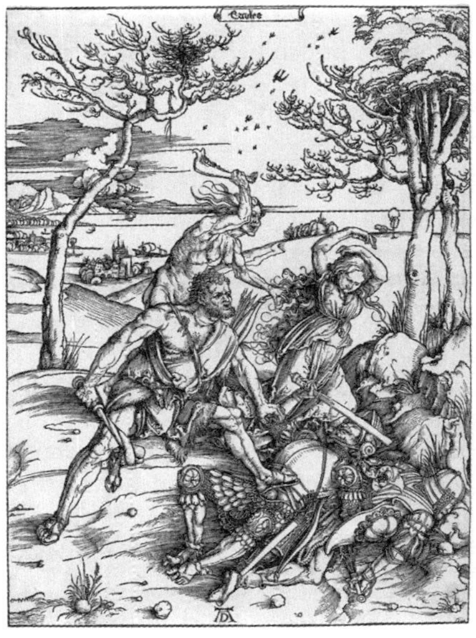

8 Albrecht Dürer, *Ercules* (Der rasende Hercules), 1496, Holzschnitt, 38,8 × 28,2 cm, Germanisches Nationalmuseum Nürnberg, Inv.-Nr. St. N. 13176-1 a (Eigentum der Stadt Nürnberg)

waltsamen Todes sterben werde. Der Held verfällt darüber in tiefe Verzweiflung und muss erkennen, dass ihn alle seine Klugheit und Waffentaten nicht vor diesem schmählichen Ende bewahren können. Doch liegt dies auf dem Holzschnitt noch in der Zukunft, denn was er vordergründig zeigt, ist etwas durchaus Positives: der Wissenserwerb, den das aktive Erkunden der Welt, sei es durch Eroberungen, sei es durch Reisen, für einen aufgeschlossenen Menschen bereithält. Konrad Celtis wird nicht müde, seine Leser zum Reisen zu ermuntern, das nicht zuletzt das narrative Schema seines dichterischen Hauptwerks bildet (s. u.). Mit diesem Holzschnitt also stellt sich Dürer dezidiert in den Dienst der humanistischen Bewegung – und der Vielgereiste weiß ja auch selbst recht gut, wovon er hier spricht. Ebenfalls vor dem Hintergrund der Poetenschule ist das gegengleich komponierte Pendant zum *Alexander* entstanden: der Holzschnitt *Ercules*, der den dramatischen Wendepunkt in einem anderen antiken Stoff thematisiert (Abb. 8). Auch hier steht Celtis im

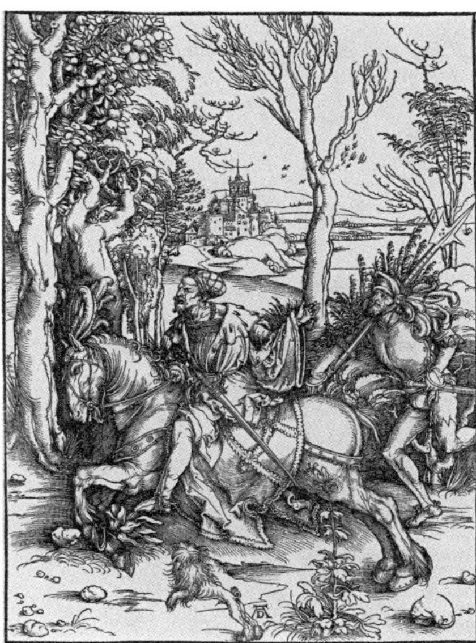

9 Albrecht Dürer, *Alexander der Große in Indien* (Reiter und Landsknecht), 1496, Holzschnitt, 39,1 × 28,4 cm, Germanisches Nationalmuseum Nürnberg, Inv.-Nr. H. 7315

Hintergrund, denn er hatte das antike Seneca-Drama *Der rasende Hercules* (*Hercules furens*) 1487 für den Schulunterricht ediert. Darin befreit der Heros zunächst seine Familie aus der Hand eines Tyrannen und erschlägt ihn. Doch dann hetzt seine Feindin, die Göttin Juno, die Verblendung in Gestalt einer Furie auf ihn, und nun tötet er in blinder Raserei seine fliehende Frau, dann auch seine Kinder. Die aus heutiger Sicht befremdliche Moral des grausigen Geschehens ist – wie schon beim *Alexander* – zunächst die Warnung vor der menschlichen Hybris angesichts plötzlicher Schicksalsschläge. Doch hält der Holzschnitt auch christlichen Trost bereit, denn am Horizont läuft winzig klein bereits der Nemäische Löwe, dessen Bezwingung die erste der berühmten zwölf Heldentaten des Hercules andeutet – kein Verbrechen also ist so groß, dass es nicht auch eine Sühne dafür gäbe. Der dritte der drei großen «Celtis-Holzschnitte» ist schließlich das *Männerbad* (Abb. 10), ebenfalls parallel zur Eröffnung der Poetenschule 1496 erschienen und vermutlich als

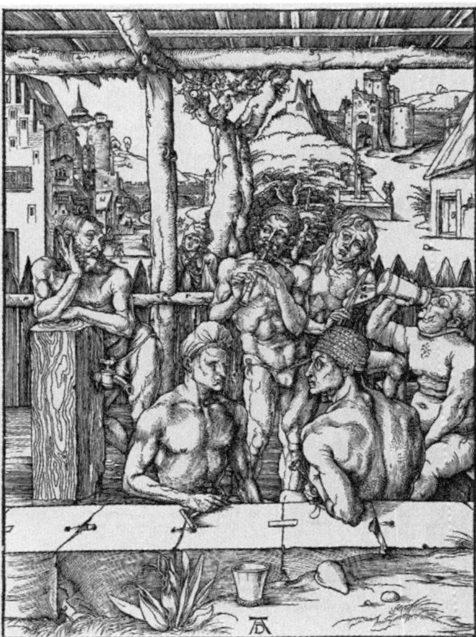

10 Albrecht Dürer, *Das Männerbad*, 1496, Holzschnitt, 39,4 × 28,4 cm, Germanisches Nationalmuseum Nürnberg, Inv.-Nr. H. 7314

Mittelstück dieser Dreierfolge gedacht. Hier nun ist die Vision des Celtis bereits Wirklichkeit geworden: Apoll mit der Fiedel, Merkur mit der Flöte und der feiste Bacchus mit dem Weinhumpen, denen der Dichter zahllose Verse der Verehrung und Beschwörung gewidmet hatte, haben sich an der Peripherie Nürnbergs eingefunden. Ort ihrer Zusammenkunft ist ein Bad, das sich von den dumpfen, dicht verschlossenen Stuben des Spätmittelalters grundlegend unterscheidet. Denn mit dem gleichzeitigen Aufkommen der Syphilis als erster zweifelsfrei erkannter Geschlechtskrankheit der Medizingeschichte, auf deren Benennung als *Morbus Gallicus* der Hahn (lat. *gallus*) am Brunnenstock anspielt, hatte man auch das physisch wie moralisch Unhygienische dieser Badestuben erkannt – und so weht ganz im wörtlichen Sinn ein frischer Wind durch die luftige Hütte. Als Allegorie auf den Schulbetrieb, der im lateinischen, möglichst auch griechischen Dialog erfolgen sollte, erscheinen die beiden disputierenden Männer im Vordergrund. Sie verkörpern links

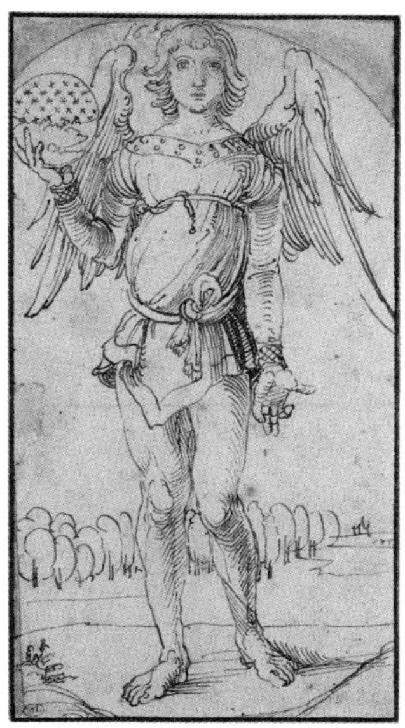

11 Albrecht Dürer, *Cosmico*, aus der Serie der *Tarocchi*, ca. 1495, aquarellierte Federzeichnung, 18 × 9,5 cm, Paris, Musée du Louvre, Inv.-Nr. 18.931

Sokrates, auf dessen Freitod in einem Badehaus der prominent platzierte Schierlingsbecher anspielt; rechts seinen Schüler Platon, kenntlich an dem «Magnetstein» aus dessen Schrift «Ion», der für die Weitergabe der schöpferischen Kraft durch die göttliche Inspiration steht.

Dies waren aber nicht die einzigen Bestrebungen, um der neuen Bewegung und der Poetenschule in Nürnberg eine breitere Basis zu schaffen. Denn zeitgleich mühte sich Peter Danhauser im Auftrag Sebald Schreyers und mit Unterstützung von Konrad Celtis um die Zusammenstellung einer Text- und Bildsammlung zur antiken Kultur, das «Vorbild des triumphierenden Rom» (*Archetypus triumphantis Romae*). Es hätte nach dem *Schatzbehalter* und der *Weltchronik* ein drittes, illustriertes Nürnberger Großprojekt für den internationalen Buchmarkt werden sollen, und auch Albrecht Dürer scheint damit befasst gewesen zu sein. Denn aus den mittleren 1490er Jahren stammen die Zeichnungen für eine ursprünglich wohl vollständige

Serie der sogenannten *Tarocchi,* die als Kupferstiche ab etwa 1465 auf den italienischen Markt gebracht und früher Andrea Mantegna zugeschrieben worden waren: 50 antikisch gewandete Gestalten, die auf eine bis heute noch nicht ergründete Weise den Aufbau der Welt, ja des ganzen Universums spielerisch abbilden sollten, wie der elegant *all'antica* gewandete Knabe *Cosmico* mit der Weltkugel zeigt (Abb. 11). Ruhig blickt er dem Betrachter in die Augen, gegen den er die herabhängende Linke geöffnet hat, als wolle er ihn freundlich zum Gedankenaustausch einladen. Dürer orientierte sich dabei an der recht schematischen Kupferstichserie eines unbekannten italienischen Meisters, verleiht aber den tänzerischen Bewegungen der Figuren in der flotten Zeichenweise und dem lockeren Fall der Gewänder viel mehr Ausdruck. Zwei Holzschnitte aus der Wolgemut-Werkstatt beweisen, dass die Folge für die Illustration des *Archetypus* herangezogen werden sollte. Sie wirken aber so ungelenk, dass man ahnt, warum das Projekt im Jahre 1497 scheiterte, als Celtis und Danhauser Nürnberg Richtung Wien verließen. Denn man musste sich wohl eingestehen, dass der gelehrte Inhalt und die biedere Machart seiner Illustrationen allzu weit auseinander lagen.

Doch der einzige, der antiken Inhalt und antike Form miteinander so fulminant zur Deckung zu bringen wusste, Albrecht Dürer, dürfte schon keine Zeit mehr gehabt haben, um ein solches Großprojekt mit Hunderten von Buchholzschnitten zu bewältigen. Denn so idealistisch die Konstruktion einer antikisierenden Weltsicht innerhalb der christlichen Sphäre auch war und so verheißungsvoll sie ein völlig neues, unermesslich weites Betätigungsfeld für die Bildenden Künste zu eröffnen schien – leben konnte man von dieser Intellektuellen-Kunst einstweilen wohl noch nicht.

So waren es Werke ganz anderer Natur, die Dürer erste Erfolge und Anzeichen sozialer Absicherung einbrachten. Eines nämlich hatte ihm sein gelehrtes Umfeld ermöglicht: den Kontakt zur gesellschaftlichen Elite. So ist es nur über Konrad Celtis als Protegé von Kurfürst Friedrich dem Weisen von Sachsen erklärbar, dass dieser den jungen Dürer bei seinem Nürnberger

Aufenthalt im April 1496 mit einem *Bildnis* beauftragte (Abb. 18) – für Dürer eine glückliche Weichenstellung, die fast sein ganzes Leben lang, bis zum Tod Friedrichs 1525 vorhalten sollte. Dürer konnte hier das kleine Pariser Selbstbildnis von 1493 (Abb. 16) als Bildformular erfolgreich einsetzen: Beide Porträts sind halbfigurig und mit angewinkeltem rechten Arm gegeben, wobei sie – eher ungewöhnlich – den Blick auf den Betrachter gerichtet haben. Friedrich verzichtet auf alle Insignien der Macht und verweist mit der Schriftrolle stattdessen auf seine ausgeprägten humanistischen Ambitionen. Dieser hochkarätige Auftrag steigerte nun aber offensichtlich Dürers eigene Ansprüche an die Gattung Porträt. Mit dem *Selbstbildnis* von 1498 (Abb. 19), dem zweiten dieser berühmten Dreiergruppe, das sich heute in Madrid befindet, bringt Dürer neue Qualitäten ins Spiel. Hier fällt zunächst sein besonderer Blick für die stoffliche Beschaffenheit der Bildgegenstände ins Auge, die er mit äußerster feinmalerischer Präzision bannt. Doch vor allem besticht die Sorgfalt, die nun auch der Umraum erfährt: Durch eine profilierte Fensterlaibung fällt von hoch oben der Blick auf eine weite Fernlandschaft, die man eigentlich nur von einer Burg oder einem patrizischen Landsitz aus haben konnte. Und so ist es wohl weniger die Anmaßung eines Bürgerlichen als der Versuch, mit dieser Art des Bildnisses einen luxuriösen Prototyp für weitere Aufträge vorweisen zu können. Vor dem Hintergrund seiner Bewährung als kurfürstlicher Porträtist scheint diese Strategie Dürer nun auch den Weg zum Nürnberger Patriziat gebahnt zu haben, denn aus diesem Umfeld stammen bis gegen 1500 etliche weitere Porträts, dominiert durch eine Gruppe von vier Mitgliedern der Familie Tucher.

In der Forschung zur frühen Genrekunst unverzichtbar und bei Sammlern bis heute beliebt ist schließlich eine kleine Gruppe von Kupferstichen, die gezielt auf ältere Traditionen aus der ersten Generation von Kupferstechern zurückgreift: In kleinen Formaten werden Bauern, Soldaten oder Liebespaare geschildert, meist ohne ausgreifende Bewegung oder Mimik und ohne dass mehr als allgemeine moralische Belehrungen dabei mitschwängen. So liegt der Reiz bei den *Sechs Kriegsleuten* von etwa

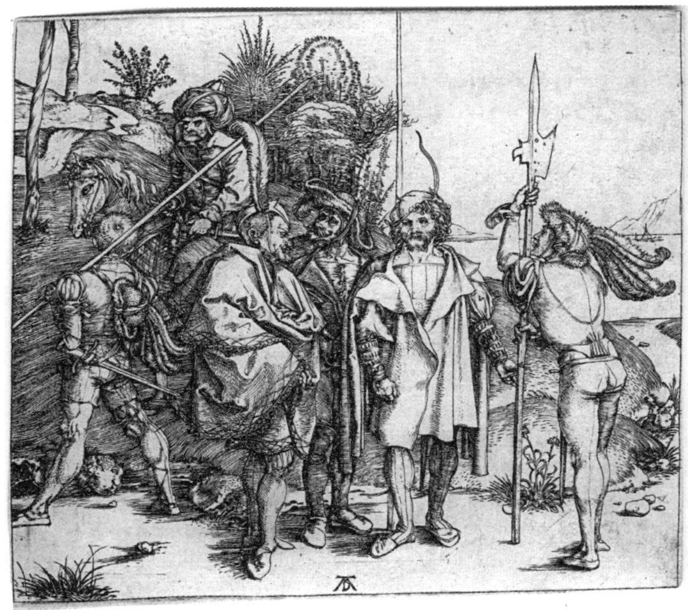

12 Albrecht Dürer, *Sechs Kriegsleute*, um 1495/96, Kupferstich, 13,1 × 14,5 cm, Kunstsammlungen der Stadt Nürnberg, Inv.-Nr. Gr. A. 12861 (Slg. Diehl)

1495/96 (Abb. 12) in dem Paradoxon, dass hier Soldatentypen, wie sie in der Zeit der Söldnerheere mit ihrem geckenhaften Aufputz zum alltäglichen Straßenbild gehört haben, mit größter Kunstfertigkeit zum Gegenstand eines voll ausgearbeiteten Kupferstichs geworden sind. Doch dürfte sich die Mühe schon deshalb gelohnt haben, weil die dargestellten Typen von anderen Werkstätten bei allen Kreuzigungs- oder Martyrienszenen leicht verarbeitet werden konnten. So sollte schon bald auch jenseits der humanistischen Eliten bekannt werden, wer sich auf diesen so reizvollen wie nützlichen Blättern hinter der Signatur AD verbarg.

3. *All'antica*: die großen Kupferstiche

Es hat den Anschein, als hätte Albrecht Dürer in den späten 1490er Jahren aus der Euphorie des großen Aufbruchs heraus noch weitere Werke in Zusammenarbeit mit Konrad Celtis geschaffen, die von der Hoffnung auf den gemeinsamen Sieg der neuen Literatur und Kunst getragen waren. Es sind vor allem Kupferstiche, deren Themen zwar nicht immer ganz klar zu benennen sind, die sich aber eindeutig aus dem Repertoire der antiken Motive und italienischen Formen bedienen. Eng miteinander verwandt erscheinen etwa das *Meerwunder* (Abb. 13) und jene Allegorie, die – wenig überzeugend – meist als *Hercules am Scheideweg* bezeichnet wird (Abb. 14). Denn zu den Hauptmotiven zählt auf beiden Blättern eine liegende nackte Frau, die kostbares Geschmeide und eine aufwendige Frisur trägt. Liest man sie als Allegorie auf die von Celtis so vehement vertretene, neulateinische – und durchaus erotische – Liebespoesie, dann würde sie auf dem ersten Kupferstich von dem eher knorrig als bösartig wirkenden Meereswesen aus südlichen Gefilden in die raueren Gegenden der Germania entführt. Damit hätte dann das allgegenwärtige Schlagwort von der *translatio studii* – der Übertragung der antiken Kultur auf die Deutschen – seine bildliche Entsprechung gefunden. Dort angekommen, sähe sich die Schöne auf dem zweiten Kupferstich dann aber den Anfeindungen durch eine engherzige Moral ausgesetzt. Ohne Keule und Löwenfell ist es aber wohl kaum Hercules, sondern eher der Weingott Bacchus mit dem Hahnenhelm, wie ihn der unterfränkische Winzersohn Celtis mehrfach schildert, der schiedlich dazwischentritt und den Ausgleich der Kräfte herbeiführt. Doch wie dem auch sei: So lebendig war die Antike außerhalb Italiens noch niemals dargestellt worden. Angefangen von der plastischen Fülle des Frauenaktes über den Detailreichtum von Landschaft und Vegetation ist es besonders die Materialästhetik der

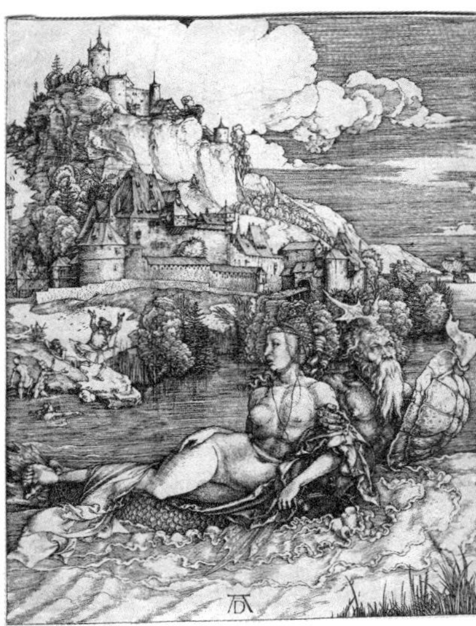

13 Albrecht Dürer, *Meerwunder*, ca. 1498, Kupferstich, 25,5 × 19,2 cm, Kunstsammlungen der Stadt Nürnberg, Inv.-Nr. Gr. A. 12847 (Slg. Diehl)

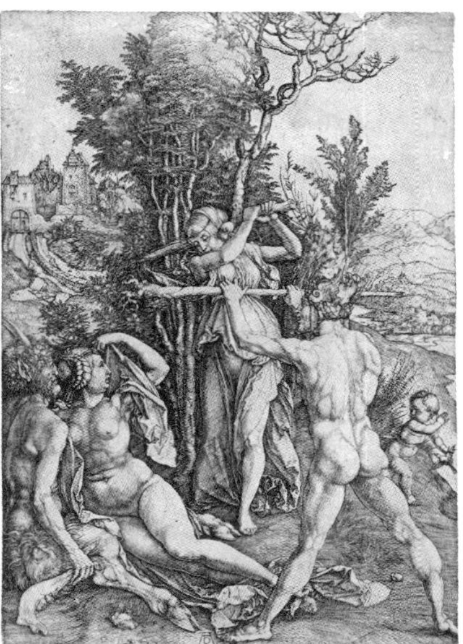

14 Albrecht Dürer, *Humanistische Allegorie* («Hercules am Scheideweg»), ca. 1498, Kupferstich, 32 × 22,5 cm, Kunstsammlungen der Stadt Nürnberg, Inv.-Nr. Gr. A. 12843 (Slg. Diehl)

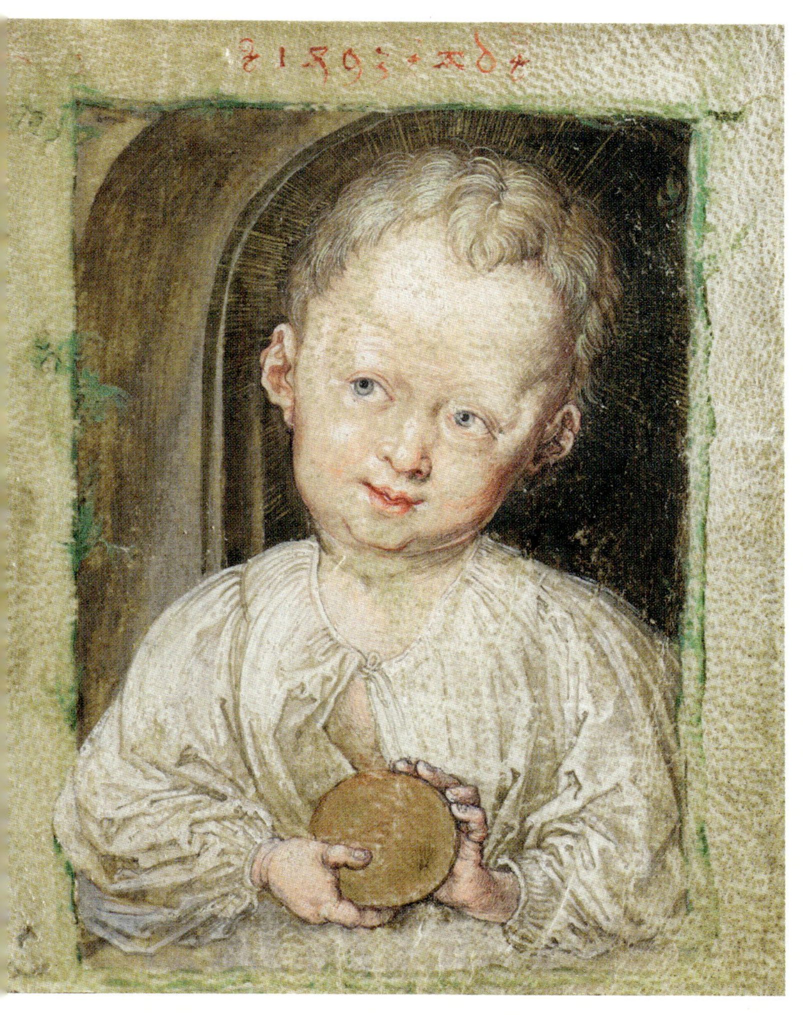

15 Albrecht Dürer, *Jesuskind mit der Weltkugel*, 1493, Pergamentmalerei, 11,8 × 9,3 cm, Wien, Albertina, Inv.-Nr. 3059

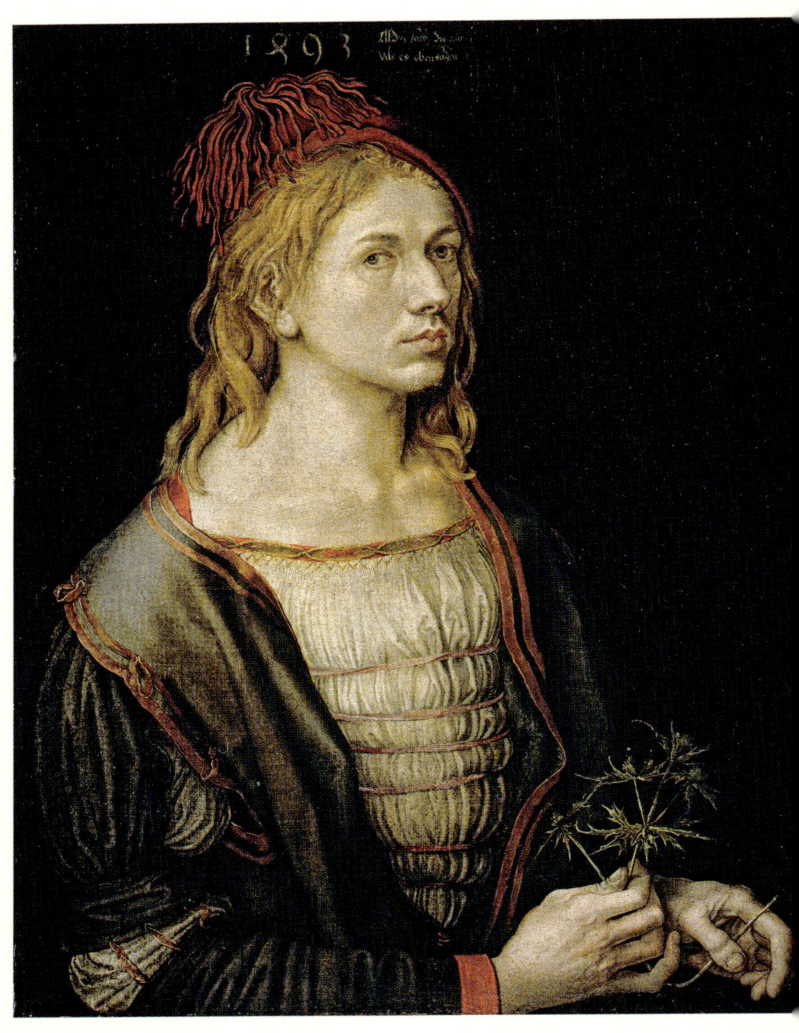

16 Albrecht Dürer, *Selbstbildnis*, 1493, Pergamentmalerei, 56,5 × 44,5 cm, Paris, Musée du Louvre, Inv.-Nr. R. F. 2382

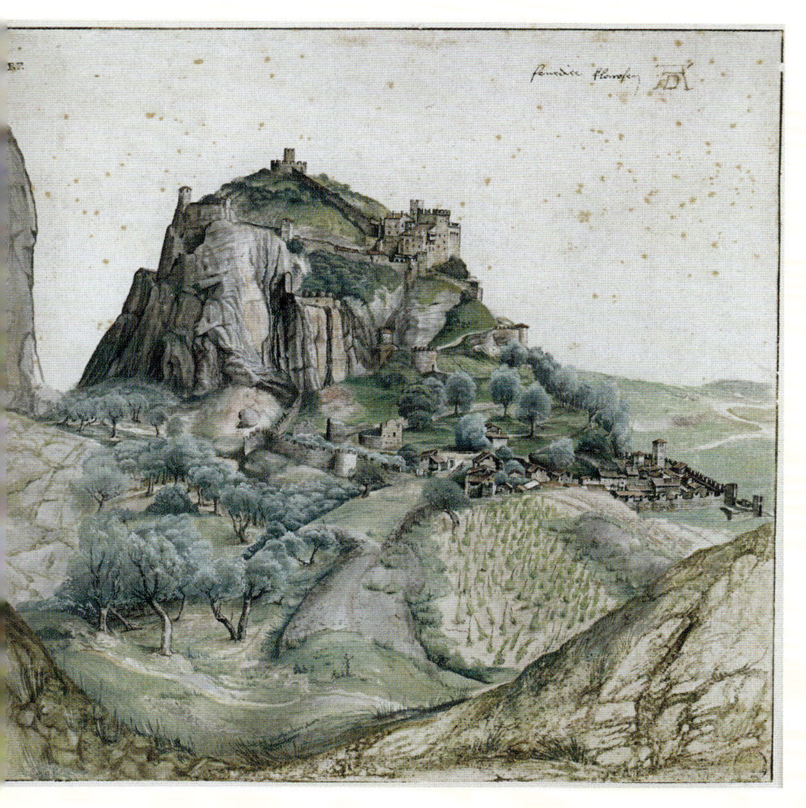

17 Albrecht Dürer, *Burg und Stadt Arco*, um 1495, Aquarell, 22,3 × 22,2 cm, Paris, Musée du Louvre, Inv.-Nr. 18579

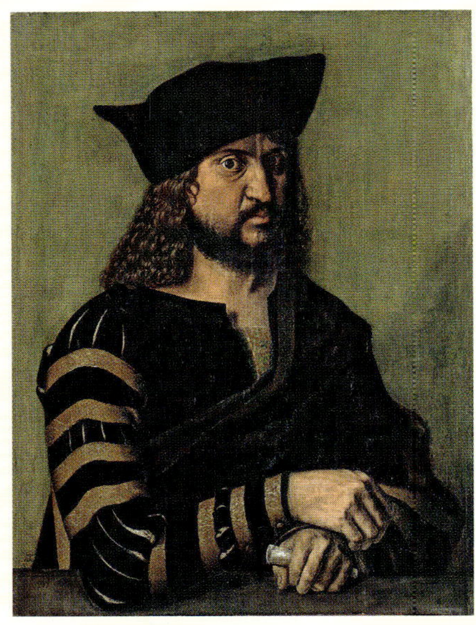

18 Albrecht Dürer, *Bildnis des Kurfürsten Friedrichs des Weisen von Sachsen*, 1496, Tempera auf Leinwand, 76 × 57 cm, Berlin, Staatliche Museen Preußischer Kulturbesitz, Gemäldegalerie, Inv.-Nr. 557 C

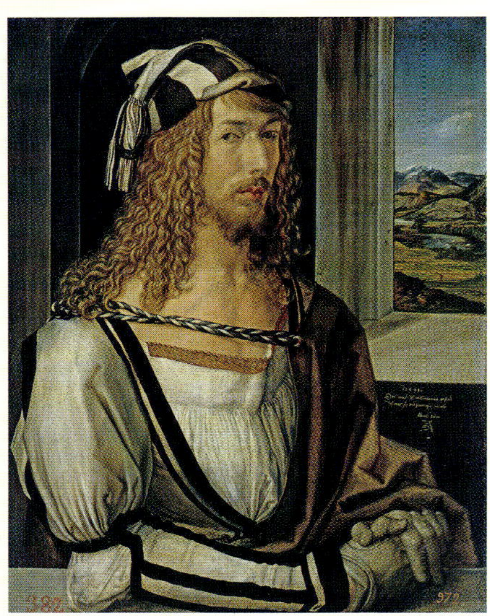

19 Albrecht Dürer, *Selbstbildnis*, 1498, Öl auf Holz, 52 × 41 cm, Madrid, Museo del Prado, Inv.-Nr. 2179

Dinge, die Dürers Kupferstiche so neuartig machen. Haare und Fell, Baum und Busch, Haut und Gewänder sind in ihrer realen Beschaffenheit so lebensnah wie nur möglich charakterisiert. So bleibt dem Sammler auch jenseits aller ikonografischen Grübeleien immer noch der Reiz dieser Detailfülle und die Menge all der kleinen Entdeckungen, die man aus der Nahsicht unentwegt machen kann. Sie aber verleihen diesen Szenerien ein ganz ungewohntes Maß an Lebensnähe, auch wenn sie wohl für die meisten zeitgenössischen Betrachter, die weder mit den Fortschrittsvisionen noch mit den Versen des Celtis vetraut waren, am Ende rätselhaft bleiben mussten.

Wenig später, 1498, hat Dürer genau diese Erfahrungen mit beeindruckender Konsequenz auf eines der gewaltigsten Themen übertragen, das die Bibel zu bieten hat: die *Apokalypse des Johannes*, das letzte Buch der Heiligen Schrift. Es schildert bildmächtig die furchterregende Traumvision des Heiligen, die auf direkter göttlicher Eingebung beruht und vom Weltgericht am Ende aller Zeiten erzählt. Über etwa zwei Jahre hinweg führte Dürer insgesamt 15 für damalige Verhältnisse übergroße Holzschnitte aus. Doch nicht nur dies war neu, sondern auch die völlige Gleichwertigkeit von Text und Bild, die den Holzschnitten die Aura von Authentizität und Wahrhaftigkeit verlieh. So kommt der Szene *Johannes verschlingt das Buch* (Abb. 20) eine herausgehobene Bedeutung zu, weil sie eindringlich die göttliche Inspiration veranschaulicht, ohne die kein literarisches, aber auch kein künstlerisches Werk gelingen kann. Denn Feder und Tintenfass, wie sie Dürer am vordersten Bildrand demonstrativ zeigt, sind das Werkzeug des Evangelisten ebenso wie des Zeichners, zumal dessen Arbeit in diesem Falle ebenfalls in ein Buch mündete. Ohne es ausdrücklich zu sagen, nimmt der Künstler für sich in Anspruch, dass auch seine Bilder auf göttlicher Eingebung beruhten. Da im Kolophon kein Geldgeber oder sonstige Beteiligte genannt werden, scheint Dürer das Werk auf Deutsch wie auf Lateinisch wohl unter Benutzung der Druckerpressen seines Paten Koberger im Selbstverlag herausgebracht zu haben, möglicherweise vorfinanziert aus der Mitgift seiner Frau. Das war riskant, und es gibt keinerlei Hinweis darauf,

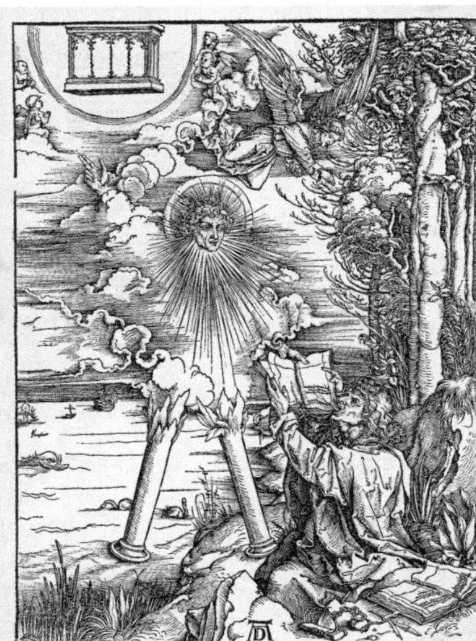

20 Albrecht Dürer, *Johannes verschlingt das Buch*, Illustrationsholzschnitt (Figur 8), 39,6 × 28,3 cm, aus: ders. (Hg.), *Apocalipsis cum figuris*, Nürnberg 1498, London, The British Museum, © Trustees of the British Museum, Inv.-Nr. 1895,0122.567

dass das Werk reißenden Absatz gefunden und Dürers großen Durchbruch bedeutet hätte, wie dies die Dürer-Biografik fast durchgängig annimmt. Denn dann würde man weitere, zeitnahe Auflagen erwarten dürfen, und nicht erst jene von 1511; dann müsste man Erwähnungen im humanistischen Briefverkehr finden und zahlreiche gebundene Einzelausgaben aus bedeutenden Kloster- und Privatbibliotheken. Aber nicht eine einzige hätte dann überdauert. Vielleicht war die Zeit also noch nicht reif für emblematische Visionen wie jene wohl berühmteste, in der die *Vier apokalyptischen Reiter* die verzweifelte Menschheit niederreiten (Abb. 21). Wie die meisten anderen Szenen erscheint auch diese wie von einem stummen Brausen und Brüllen erfüllt, so dass aus dem bislang eher hemdsärmelig behandelten Medium Holzschnitt auf einen Schlag ein Maximum an Ausdrucksfähigkeit herausgeholt wird. Doch scheinen die Reiter zugleich am schlagendsten zu zeigen, wofür das Werk gemeinhin gehalten

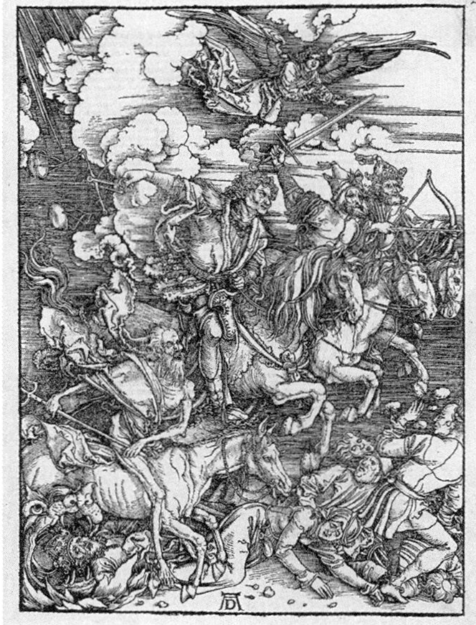

21 Albrecht Dürer, *Die vier apokalyptischen Reiter*, Illustrationsholzschnitt (Figur 3), 39,6 × 28,3 cm, aus: ders. (Hg.), *Apocalipsis cum figuris*, Nürnberg 1498, Kunstsammlungen der Stadt Nürnberg, Inv.-Nr. Gr. A. 12892 (Slg. Diehl)

wird: für das bildliche Psychogramm einer vermeintlich von Massenhysterien, Kriegen und Seuchen geprägten Endzeit-Furcht vor dem Jahr 1500, für versteckte Kirchenkritik, ja sogar für die Vorahnung der Reformation. Doch aus der Perspektive der Kirche selbst war für 1500 ein «Gnadenjahr» ausgerufen worden, das vollkommenen Ablass in Aussicht stellte, und gerade in den Augen von Dürers Mentor Konrad Celtis wäre diese katastrophische Sichtweise völlig abwegig gewesen. Denn für sich selbst hatte er die Jahrtausendmitte zum großen Erfüllungsmoment seiner humanistischen Visionen und zur persönlichen Lebenswende stilisiert.

Es hat den Anschein, als wenn Dürer selbst Celtis darin gefolgt wäre, denn mit der runden Jahrtausendmitte ist explizit eine seiner wohl berühmtesten Schöpfungen datiert: das *Selbstbildnis im Pelzrock* (Abb. 25), das auf merkwürdige Weise auch Dürers eigene Lebensmitte markiert. Es ist heute das emblematische Hauptwerk der Alten Pinakothek in München, und dies nicht nur, weil der materielle Wert dieses Ausnahmewerks auf dem Kunstmarkt überhaupt nicht zu beziffern wäre. Wie außergewöhnlich diese malerische Selbstdokumentation ist, ermisst sich vielleicht vor dem Hintergrund der Tatsache, dass von Dürers berühmtem Zeitgenossen Leonardo da Vinci nicht ein einziges beglaubigtes Bildnis, geschweige denn ein Selbstbildnis existiert. Hinzu kommt die Aura des Geheimnisvollen, ja Verstörenden, die dieses an sich eher kleinformatige Tafelbild seit jeher umgibt. Die Wendung in der Inschrift, Dürer habe sich *cum coloribus propriis* gemalt – also mit den seiner äußeren Erscheinung eigenen Farben, sprich: so lebensnah wie nur möglich –, bringt erneut seinen hohen Authentizitätsanspruch zur Geltung. Ansonsten haben sich zu dem Werk weder eine Erwähnung Dürers noch irgendwelche zeitgenössischen Kommentare erhalten. Ungewöhnlich ist schon die Frontalsicht zum Betrachter, der sich durch das Bildnis eindringlich fixiert sieht; doch im Verein mit dem Vollbart erinnern die langen, so kunstvoll gedrehten wie gemalten Locken, unabdingbar für die strenge, fast symmetrische Dreieckskomposition, zugleich an ältere Christusdarstellungen. Dies hat zu weitreichenden Interpretationen über die gottähnliche Schöpferkraft eines neuen Künstlertyps geführt, die jedoch letztlich im Widerspruch zum betont diesseitigen und in atemberaubender Feinmalerei ausgeführten Pelzkragen stehen. Stattdessen ist auf drei lateinische Epigramme zu verweisen, mit denen Konrad Celtis seinen Protegé Dürer gegen 1500 als «neuen Apelles» preist, als Reinkarnation des berühmtesten Künstlers der Antike und legendären Hofmalers Alexanders des Großen also. Nach der Überlieferung fertigte dieser nicht nur ein Selbstbildnis, sondern war angeblich auch der einzige, dem Alexander gestattet hatte, ihn zu porträtieren. Stellt man nun den immensen feinmalerischen und kaum steigerbaren Aufwand bei der Münchner Tafel in Rechnung, dann leuchtet ihr angeblicher Hauptzweck als eine Art privater intellektueller Selbstvergewisserung mit dem Pinsel wenig ein. So wurde unlängst die weitaus plausiblere Theorie aufgestellt, dass sich Dürer mit ihr als «neuer Apelles» bei dem «neuen Alexander» Friedrich dem Weisen für ein gleichgeartetes Bildnis als Pendant empfehlen wollte. Letztlich wird man in diesem Fall sogar Kaiser Maximilian I. in den Kreis möglicher Adressaten einbeziehen dürfen – denn so wie Caesar, Augustus oder Alexander in dem von den Humanisten immer wieder beschworenen, neuen «Goldenen Zeitalter» wiederkehren würden, so hatte auch Apelles seine moderne Gestalt in Albrecht Dürer gewonnen, der nun das Vorbild in den Augen der Zeitgenossen sogar noch übertraf. Er galt den Männern um Celtis gewissermaßen als ein lebender Beweis dafür, dass die große Zeitenwende sich nun tatsächlich vollziehen würde. Doch das vielleicht allzu ambitionierte Projekt scheiterte offensichtlich, und außer Dürers eigener Werkstatt gibt es bis zu seinem Tod keinen anderen plausiblen Ort der Aufbewahrung. Erst im späteren 16. Jahrhundert gelangte es ins Nürnberger Rathaus, dann in patrizischen Besitz und im 18. Jahrhundert erneut ins Rathaus, von wo es 1804, mitten im Krieg gegen Napoleon, unter nicht völlig geklärten Umständen an die kurfürstliche Gemäldegalerie in München verkauft wurde.

Auf ganz andere Art erstaunlich ist einer der größten Kupferstiche Dürers, der kurz nach dem Selbstbildnis entstanden sein dürfte: jene Allegorie, von der durch die explizite Erwähnung im Tagebuch der niederländischen Reise Dürers eigene Benennung als *Nemesis* überliefert ist (Abb. 22). Mit der Kompositionsform der horizontalen Zweiteilung aus der *Apokalypse* (Abb. 21) wird der Einbruch der antiken Schicksalsgöttin in die menschliche Welt geschildert. In der Verteilung ihrer Gaben – sie belohnt mit dem Inhalt des Prunkpokals und bestraft durch das Anlegen der Zügel – ist sie so unstet wie der Lauf der Kugel, auf der sie steht, was an die katastrophischen Wendungen im Leben der Heroen *Hercules* und *Alexander* erinnert (Abb. 8, 9). Die Nacktheit der reifen, schon fülligen und beinahe peinlich genau beobachteten Frau ist eher signalhafter Verweis auf den antiken Ursprung des Motivs als voyeuristischer Selbstzweck. Gleichrangig steht sie auf demselben hohen Niveau einer möglichst naturalistischen, auf entsprechenden Vorstudien beruhenden Ausarbeitung sämtlicher Bildgegenstände. Inhaltlich ist das

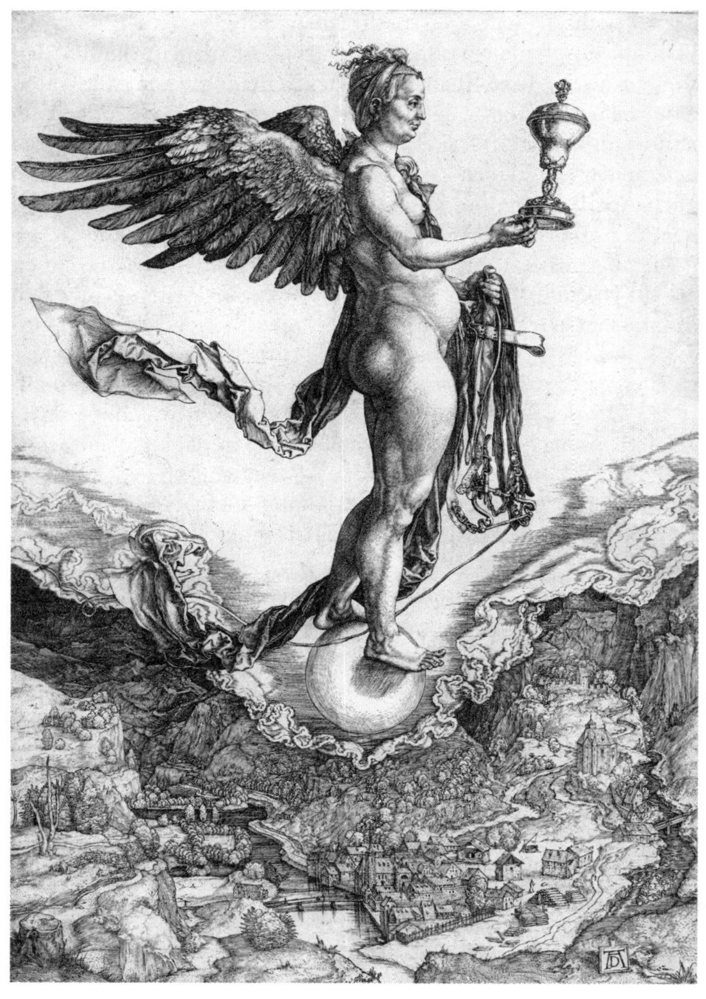

22 Albrecht Dürer, *Nemesis*, um 1501, Kupferstich, 33,5 × 26 cm, Kunstsammlungen der Stadt Nürnberg, Inv.-Nr. Gr. A. 12853 (Slg. Diehl)

Blatt ein wichtiger Schritt hin zur *Melencolia I* von 1514, Dürers «Denkbild» schlechthin (Abb. 43). Denn hier wie dort geht es um die allegorische Wiedergabe mächtiger Schicksalsgewalten, in diesem Falle um eine intellektualisierte Verarbeitung des traditionellen mittelalterlichen Fortuna-Motivs. Schon der griechische Titel macht unmissverständlich klar, dass die Anregung für die völlig neuartige Darstellungsweise weniger bildlichen Vorlagen, sondern vielmehr der antiken oder antikisierenden Literatur entstammt, auch wenn die konkrete Textgrundlage bislang noch nicht zweifelsfrei gefunden wurde. Literarisch überliefert ist ja auch die *Nemesis von Rhamnus* des berühmten griechischen Bildhauers Phidias, wie ihn Thomas Venatorius 1528 als antiken «Künstlerfürsten» in seiner Totenklage auf Dürer vergleichend heranziehen sollte. Damit käme in der *Nemesis* ein starkes Motiv der gesamten Renaissancekunst zur Geltung, wonach es eine der vornehmsten Aufgaben der Gegenwartskunst sei, den verlorenen Werken der Antike wieder Gestalt zu verleihen oder sie gar zu übertreffen. Und genau dies hat Dürer hier geleistet, denn in der minutiös geschilderten «Weltlandschaft», auf die der Betrachter aus der Perspektive der fliegenden Göttin nun hinabblicken kann, hat er eine Gattung zur Perfektion gebracht, die für die Malerei der Antike als Aufgabe noch kaum und für die Bildhauerei überhaupt nicht existierte. Aus der mittelalterlichen Fortuna hat Dürer so ein Sinnbild moderner Literatur- und Antikenrezeption gemacht.

Mit einer gewissen Folgerichtigkeit fällt in die Jahre darauf auch Dürers ikonografisch wohl merkwürdigster Altar, der heute aber nur noch in Fragmenten erhalten ist: der sogenannte *Jabach-Altar*, von dem – jenseits aller sonstigen Rekonstruktionsversuche – die beiden Flügelaußenseiten von etwa 1504 die bedeutendsten sind (Abb. 26). Die kleinen Tafeln zeigen links den alttestamentlichen Unglücksraben Hiob, wie er auf dem Wendepunkt seiner Missgeschicke von seiner Frau mit reinigendem Wasser übergossen wird, während zwei Spielleute die tröstende Begleitmusik geben. Beide Tafeln verschlossen ursprünglich ein gemaltes oder geschnitztes Retabel, das höchstwahrscheinlich eine Anna Selbdritt – das Jesuskind mit Maria und deren Mutter Anna – zeigte. Dies lenkt den Blick auf Herzog Georg den Bärtigen, Vetter von Dürers altem Förderer Friedrich dem Weisen (Abb. 18), als möglichen Auftraggeber. Er hatte das gerade mächtig aufstrebende Annaberg in Sachsen zur Verstetigung des Silberabbaus im Erzgebirge soeben mit den Stadtrechten, einer Münzstätte, einer Franziskaner-Niederlassung und dem Grundstein für die heute berühmte Annenkirche versehen. Kaum eine Fußstunde nördlich liegt auch das «Hiobsbad» (heute Wiesenbad), dessen Quellen damals entdeckt und ausgebaut worden waren; hier also wäre die eigenwillige Ikonografie des Altars gut zu verorten, was aber weiterer Erforschung bedürfte. Auf dem rechten Außenflügel blickt ein lang gelockter, bärtiger Trommler in kurzer Schaube den Betrachter direkt an und zeigt unverkennbar die Züge Albrecht Dürers, wie sich dies schon 1496 beim «Zaungast» auf dem Holzschnitt *Männerbad* (Abb. 10) erahnen lässt. Auch die elegante Rückenfigur des hinzutretenden Pfeifers wirkt porträthaft. Der lachsrote Gewandsaum von Hiobs Frau verbindet die beiden Flügelgemälde zu einem gemeinsamen Bildraum, an dessen linkem Rand der fromme Dulder, vom Aussatz entstellt, mit dem schon bekannten (Abb. 3), in die Hand gestützten Kopf des Melancholikers sitzt, während im Hintergrund sein Anwesen abbrennt. Dies ist umso bemerkenswerter, als das Bildprogramm des Altars sich auf ein heikles Zeitphänomen bezieht, das bei Dürer sowohl auf einem Flugblatt wie auch auf dem erwähnten *Männerbad* schon 1496 zum Bildgegenstand geworden war: die damals neue, lebensbedrohende Pandemie der Syphilis, auf dem *Männerbad* verkörpert durch den melancholisch Sinnenden am Brunnenstock, den dort ebenfalls Musizierende beruhigen und trösten. Unlängst konnte nachgewiesen werden, dass ein etwa gleichzeitig in Wien erschienenes Flugblatt mit einem illustrierten Gebetstext Hiob als Sinnbild für das geduldige Ertragen der «Franzosenkrankheit» schildert, wiederum von zwei Musikanten begleitet. Und Celtis, Ulsen, Grünpeck, Tolophus oder Wimpfeling – all diese Humanisten hatte die Pandemie ereilt, die sich durch Geschlechtsverkehr übertrug, wie man rasch erkannte und auch zeitnah publizierte. Gerade in Nürnberger Intellektuellenkreisen waren die Krankheit und ihre Symptome für viele Jahre ein Thema lebhafter Auseinandersetzung, und es wäre generell zu fragen, welche von Dürers Werken mit erotischen Bezügen ihre Anregung aus der Syphilis-Problematik beziehen. Aus dem Jabach-Altar jedenfalls lässt sich der selbstbewusste Anspruch herauslesen, dass nicht nur die Musik, sondern auch die Bildenden Künste, verkörpert in der unübersehbaren Präsenz des Malers, Trost und Linderung, womöglich sogar Rettung vor einem qualvollen Tod bieten können.

Dessen zeittypische Allgegenwart führt zu einem weiteren wichtigen Aspekt in Dürers Schaffen, denn wieder und wieder greift er Motive aus dem kaum überschaubaren Bereich der mittelalterlichen Memento-mori-Darstellungen auf – und modernisiert sie zugleich. Es mag überraschen, aber zum tiefen Ernst, der aus dem Klassizismus von Dürers besten Werken wie etwa der *Nemesis* spricht und sein ganzes Schaffen zu dominieren scheint, gibt es unter seinen Kupferstichen einen Gegenpol. Ausgerechnet das *Wappen des Todes* von 1503 ist es, das als ausgesprochen witzig bezeichnet werden muss, weil es auf geistvolle Art mit den Konventionen der Gattung spielt (Abb. 23). Im Zentrum des Blattes wird Dürers künstlerisches Hauptanliegen klar formuliert: Mit der höchsten technischen Kunstfertigkeit wird ein zeittypischer Stechhelm in seiner metallischen Beschaffenheit durch Reflexe und Verschattungen im Wechselspiel feinster Strichlagen mit äußerstem Naturalismus wiedergegeben. Mit dieser realitätsnahen Schilderung eines komplex gestalteten Metallgegenstands stellt Dürer hier alles in den Schatten, was in der druckgrafischen Tradition heraldischer Darstellungen bis dato jemals geleistet wurde. Das eigentlich Erstaunliche an dem Kupferstich ist aber, dass diese sonst so statischen Bildelemente in einer regelrechten Handlung agieren. Dürer hat sich offenbar den Spaß erlaubt, sich in die beiden Wappenhalter hineinzuversetzen wie in reale, lebendige Wesen, denen von dem langen, untätigen Herumstehen schlichtweg langweilig geworden ist. Und nun verlässt die traditionsreiche Figur des «Wilden Mannes» ihren Platz, hält zwar noch notdürftig die Stange mit Helm und Schild fest, ist aber in erster Linie damit befasst, der Dame auf

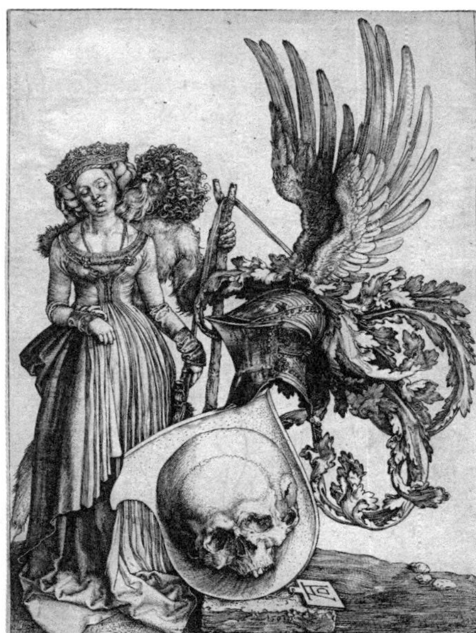

23 Albrecht Dürer, *Das Wappen des Todes*, 1503, Kupferstich, 22 × 16 cm, Kunstsammlungen der Stadt Nürnberg, Inv.-Nr. Gr. A. 12877 (Slg. Diehl)

den Leib zu rücken. Damit aber bekommt der Betrachter gewissermaßen versehentlich einen Blick hinter die Kulissen heraldischer Darstellungen.

Dieses Spiel mit Darstellungskonventionen ist ausgesprochen vergnüglich – und hat doch einen tief ernsten Kern. Denn die beiden Wappenhalter können sich ihren Trieben ja nur deshalb so sorglos hingeben, weil sie die Vorderseite des Schildes nicht sehen können. Doch verweist der Totenschädel unausweichlich auf das Schlimmste, was einem Christenmenschen widerfahren konnte: der unbußfertige Tod in der Sünde. Damit aber bleibt sogar dieses ausgefallene Werk innerhalb der im Spätmittelalter so allgegenwärtigen Bilderwelt moralischer Belehrung, in der Dürer wie kaum ein anderer Künstler seiner Zeit zuhause war.

4. Dürer – der neue Apelles

Etwa zu der Zeit, als Dürer im Jahre 1500 mit dem auf seine Weise perfekten und nicht mehr steigerbaren *Selbstbildnis im Pelzrock* (Abb. 25) die Reihe seiner autonomen Selbstporträts abschloss, zog er mit der *Glimschen Beweinung* gleichsam das malerische Fazit seines Frühwerks (Abb. 27). Auftraggeber war der Nürnberger Goldschmied Albrecht Glim, der also der beruflichen Sphäre von Dürers Vater entstammte und auch mit dem Sohn befreundet gewesen ist. Aufgrund vieler Übereinstimmungen wird wohl Dürers großer Holzschnitt mit der *Beweinung Christi* die Aushandlungsbasis für die Anlage des Tafelbilds gewesen sein. Doch was Dürer hier lieferte, ist in Komposition, differenziertem Kolorit, Raumerschließung und Physiognomik eines seiner großen Meisterwerke. Es gehört zur Gattung der Epitaphien, erinnert also in diesem Fall an Glims soeben verstorbene erste Frau und hing ursprünglich in der Dominikanerkirche, und zwar vermutlich mit der Unterkante etwa auf Augenhöhe. Diese Annahme gründet sich auf dem so auffälligen Motiv der fast wuchtig in Szene gesetzten Dornenkrone im unmittelbaren Bildvordergrund. In ihr verdichtet sich das Leiden Christi emblemhaft, und so fordert sie den Betrachter zu Meditation, Gebet und nicht zuletzt zur Fürbitte für die Verstorbene auf. Zugleich scheint sie eine Art Wiegenmotiv optisch in seinem Scheitelpunkt zu fixieren, das in dem elegant geschwungenen Bahrtuch greifbar wird und das damit – ein beliebtes Andachtsmotiv – an das Wiegen des neugeborenen Christuskindes erinnert. Darüber erhebt sich vor einer dramatischen Küstenlandschaft die dichte Gruppe der Trauernden, die einem Dreieck mit dem händeringenden Johannes als Spitze einbeschrieben sind. Auch innerhalb der Figurengruppe gibt es zahllose kompositorische Bezugnahmen und Wechselbeziehungen, doch ohne dabei von der Hauptsache abzulenken. Dass Dürer sich bei dem marmorblassen Leichnam nur auf die fünf Wundmale an Händen, Füßen und Oberkörper beschränkt und auf drastische Folterspuren verzichtet, hat seinen guten Grund. Denn der fast makellose Körper des toten Christus verweist auf eines seiner großen Lebensthemen: den nackten menschlichen Leib in seiner anatomischen und perspektivräumlichen Verfasstheit, für dessen Darstellung die Passion Christi, der Dürer die mit Abstand meisten Werke seines Œuvres gewidmet hat, unerschöpfliche Gelegenheit bietet (vgl. Abb. 31, 37). Im Augenblick des Kreuzestodes hatte sich der Himmel bedrohlich schwarz überzogen; doch die liebliche Küstenlandschaft unter dem abziehenden Gewölk verweist darauf, dass der Augenblick des Todes bei aller Trauer zugleich den Beginn der menschlichen Erlösung bedeutet. Angesichts solch großer Kunst ist es unter rein ästhetischen Gesichtspunkten nachvollziehbar, dass man am Herzogshof des eifrigen Dürer-Sammlers Maximilian von Bayern die Stifterfiguren und Wappen als störend empfand und sie kurzerhand übermalte. Auch sind sie – besonders auf der Männerseite – in der malerischen Durchführung schwächer, was die bei Dürer schwierige Frage nach Werkstatt und Mitarbeitern aufwirft.

Dass er bereits bei seiner Rückkehr aus dem Süden – also wohl um 1495 – in Nürnberg eine regelrechte Werkstattgründung vollzogen hätte, ist ohne jeden Beleg geblieben. Doch vor allem die ältere Forschung, von der die Malerei als vermeintliche «Königsdisziplin» in Dürers Œuvre traditionell höher bewertet wurde, leitete aus den Gepflogenheiten des Malerhandwerks einen florierenden Werkstattbetrieb ab. Bezeugt ist stattdessen, dass Dürer seit Sommer 1497 Sebald Schweizer und Georg Koler für je einen halben Gulden Wochenlohn dafür angestellt hatte, seine Druckgrafik «von einem lannd zu dem anndern vnd von einer stat zu der anndern» zu tragen, und ähnliche Bedingungen wird man für den 1500 in gleicher Funktion genannten Jakob Arnolt annehmen dürfen. Für Schweizer ist zudem gesichert, dass er, wo nicht auf Reisen, in Nürnberg bei Dürer wohnte und ihm dort zur Hand ging. Anders ausgedrückt, warf Dürers Handel mit seinen druckgrafischen Kunstwerken bereits so viel ab, dass sich die Einstellung der drei Männer offenbar lohnte. Doch als Maler sollte keiner von ihnen hervortreten. Erst für das Jahr 1502 gibt es den Quellennachweis, dass ein gewisser Friedrich aus Wittenberg unter der Protektion und auf Kosten von Kurfürst Friedrich von Sachsen (Abb. 18) bei ihm als Lehrling arbeitete. Dazu kam noch im selben Jahr Dürers jüngster Bruder Hans, der mit damals zwölf Jahren wohl tatsächlich eine Malerlehre beim Älteren antrat. Dass aber die später bedeutenderen Hans Baldung Grien, Hans von Kulmbach, Hans Schäufelein, Wolf Traut und Hans Springinklee bei Dürer eine solche Lehre absolviert hätten, beruht nur auf Vermutungen späterer Quellen. Dabei ist zu bedenken, dass einzig Baldung (1484/85–1545) dem Meister in dessen bedeutendstem Metier, dem Kupferstich, zumindest mit einigen wenigen Werken nachgefolgt ist. Dazu passt, das sein Verhältnis zu Dürer ein ganz besonders enges gewesen ist. Doch obwohl von Baldungs Hand ein gezeichneter Männerkopf in Berlin erhalten ist, in den der Ältere eine lakonische Korrektur-Notiz neben das Ohr gekritzelt hat, ist auch er nicht schon als Lehrling, sondern erst als Geselle im Hause Dürers nachweisbar. So ist nicht auszuschließen, dass dieser sich die Mühe des Ausbildens und das regelrechte Führen einer Werkstatt schlichtweg ersparte. Und der Gang der Kunstgeschichte rechtfertigt ihn letztlich sogar, denn auf dem Weg einer konsequenten Intellektualisierung der Kunst ist ihm weder in Nürnberg noch in Deutschland überhaupt irgendein Jüngerer auf einem auch nur annähernd vergleichbaren Niveau gefolgt. Wen also hätte er über das rein Handwerkliche hinaus in diesem Geist heranbilden sollen?

Solche Überlegungen gewinnen vor dem Hintergrund eines gleichzeitigen Kunstprojekts zusätzlich an Gewicht, in dem 1502 höchste geistige Ansprüche zusammenflossen. In diesem Jahr erschien unter tatkräftiger Mithilfe Hartmann Schedels das Hauptwerk des Konrad Celtis, die *Quatuor libri amorum* (Vier Bücher Liebesdichtungen), zu dem Dürer das Dedikationsbild an Friedrich den Weisen und die *Philosophia* als einführende Illustration beisteuerte (Abb. 24). Viel ist über diesen programmatischen Holzschnitt geschrieben worden, und dies mit aller Berechtigung. Auch wenn man von dramatischer Wucht der Darstellung

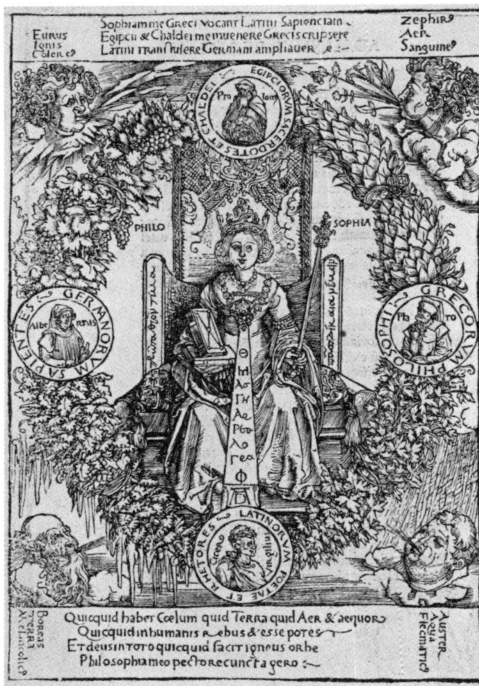

24 Albrecht Dürer, *Philosophia*, Titelholzschnitt aus: Konrad Celtis, *Quatuor libri amorum*, 21,9 × 14,8 cm, Nürnberg 1502 (n. p.), Kunstsammlungen der Stadt Nürnberg, Inv.-Nr. 1987/1 (Eigentum der Albrecht-Dürer-Haus-Stiftung e. V.)

natürlich nicht sprechen kann, war die filigrane Kleinteiligkeit der Ausführung im Medium Holzschnitt sicher eine besondere Herausforderung für Dürer. Doch viel bemerkenswerter ist ein ganz unscheinbares Detail: In einer Zeit, in der die Buchillustration ein weitestgehend anonymes Geschäft war, ist Dürer in Gestalt seines Monogramms am Ende des «Wirkungsstrahls», der von der Brust der Thronenden ausgeht, für alle Zeiten auch als Künstlerpersönlichkeit Teil dieses extrem wichtigen und komplexen humanistischen Programmbilds. Mit Celtis selbst steht der Künstler hier an der Spitze der kulturellen «Erweckung» Deutschlands, und eine der Kernaussagen des Blattes ist dabei die Übertragung der Urgründe aller Weisheit aus dem alten Ägypten über die griechischen Philosophen und die Schriftsteller Roms auf die Deutschen, verkörpert durch Albertus Magnus im linken Medaillon. Liest man den Bildaufbau wörtlich, dann ist offensichtlich auch der Erscheinungsort von Dürers Monogramm bedeutsam. Denn es nimmt jene Stelle zwischen dem griechischen Phi (Φ) als Signum der Philosophie und den *Latinorum poetae et rhetores* (lateinischen Dichtern und Schriftstellern) ein, an der es um die Vermittlung des philosophischen Welterbes geht. Dabei nämlich sollten nun die Bildenden Künste, verkörpert durch Albrecht Dürer, fortan eine tragende Rolle spielen. Und genauso äußert sich Celtis auch in einem seiner Epigramme auf den Künstler schon unmittelbar zuvor: «Mach dich ans Werk, male unsere Philosophie, die dir alles Wissen der ganzen Welt vermittelt.»

Interessant ist aber noch eine weitere Gruppe von Kunstwerken aus den ersten Jahren des 16. Jahrhunderts, mit denen es eine besondere, wohl wiederum an die Person des Celtis geknüpfte Bewandtnis zu haben scheint. Dieser hatte Dürer in seinen Versen nicht nur als neuen Apelles gepriesen, sondern ihn vor allem gegenüber den als hochnäsig empfundenen Italienern propagandistisch in Stellung gebracht. So wirken die gemeinten Kunstwerke wie die reale Umsetzung dieser Verse und verbinden auch die beiden Italienreisen Dürers auf gewisse Weise miteinander. Hintergrund dessen ist die Tatsache, dass der venezianische Maler und Grafiker Jacopo de' Barbari (um 1465–1516) sich von 1500 bis 1503 in Diensten König Maximilians I. befand, der ihn angewiesen hatte, während dieser Zeit seinen Wohnsitz ausgerechnet in Nürnberg zu nehmen. Er erhielt dafür stattliche 100 fl. jährlich und empfing noch 1504 den erheblichen Betrag von 254 fl., ohne dass eine Gegenleistung dafür bekannt wäre. Fest steht jedoch, dass während der Nürnberger Jahre Kunstwerke entstanden, die im Schaffen Dürers erstaunlich direkte motivische Entsprechungen finden. Sie entstammen den Gattungen Kupferstich, Tafelmalerei und aquarellierter Federzeichnung, sind allesamt undatiert und erwecken den Anschein, als hätte es zwischen beiden Künstlern einen regelrechten Wettstreit in der Bearbeitung des jeweils selben Themas gegeben, bei denen sie zu bemerkenswert unterschiedlichen Lösungen gelangt sind. So finden sich etliche mit größter Akkuratesse so realistisch wie möglich ausgeführte Naturstudien in Barbaris Œuvre, wie etwa das *Tote Rebhuhn* aus dem British Museum. Dieses aber verweist auf die bemerkenswerte Entsprechung, dass mit dem *Feldhasen* (Abb. 33) eines der berühmtesten Werke Albrecht Dürers mit seiner Datierung 1502 in unmittelbarer zeitlicher und thematischer Affinität zu den meisterlichen Naturstudien Barbaris steht. Damit spricht der anschauliche Befund doch deutlich dafür, dass auf Betreiben des Celtis und mit Wissen und Billigung Maximilians hier eine Art Künstler-Wettstreit stattgefunden hat, bei dem sich gewissermaßen Italien und Deutschland in der Gestalt von Barbari und Dürer gegenüberstanden. So könnte hier auch die endlose Debatte um eine genauere Datierung der Werke auf der unsicheren Basis der Stilkritik entfallen, weil es dann ja eben gerade *nicht* um ein imitatives Verhalten des einen Künstlers gegenüber dem anderen gegangen wäre, sondern um das genaue Gegenteil: ihre deutliche Unterscheidung im Kampf um die gegenseitige Übertreffung. Einen wirklichen Sieger wird es kaum gegeben haben, und es hat den Anschein, als hätte Dürers *Salvator mundi* in New York, der zwei ähnlichen Christusbildern Barbaris plausibel gegenübergestellt werden kann, den offenen Schlusspunkt dieses Wettstreits markiert – indem er unvollendet geblieben ist.

Dazu fügt sich auch der Umstand, dass die *Philosophia* von 1502 als letzter Höhepunkt der mehrjährigen Zusammenarbeit mit Konrad Celtis zugleich auch ihren Endpunkt markiert. Für Dürer hat sich dies wohl sogar mit einer gewissen Folgerichtigkeit vollzogen, denn durchschlagender Erfolg war letztlich keinem der gemeinsamen Projekte beschieden. Das sichtbare äußere Zeichen dafür war der rasche Niedergang der Poetenschule, die unter dem Druck der Nürnberger Geistlichkeit und dem daraus resultierenden Schülermangel schon 1509 ihre Pforten wieder schließen musste.

Dies war für Dürer sicher nicht erfreulich, doch soll hier auch nicht der Eindruck erweckt werden, als wäre er Tag und Nacht damit beschäftigt gewesen, die Anliegen der humanistischen Reformbewegung zu seinen eigenen zu machen und sie ins Bild

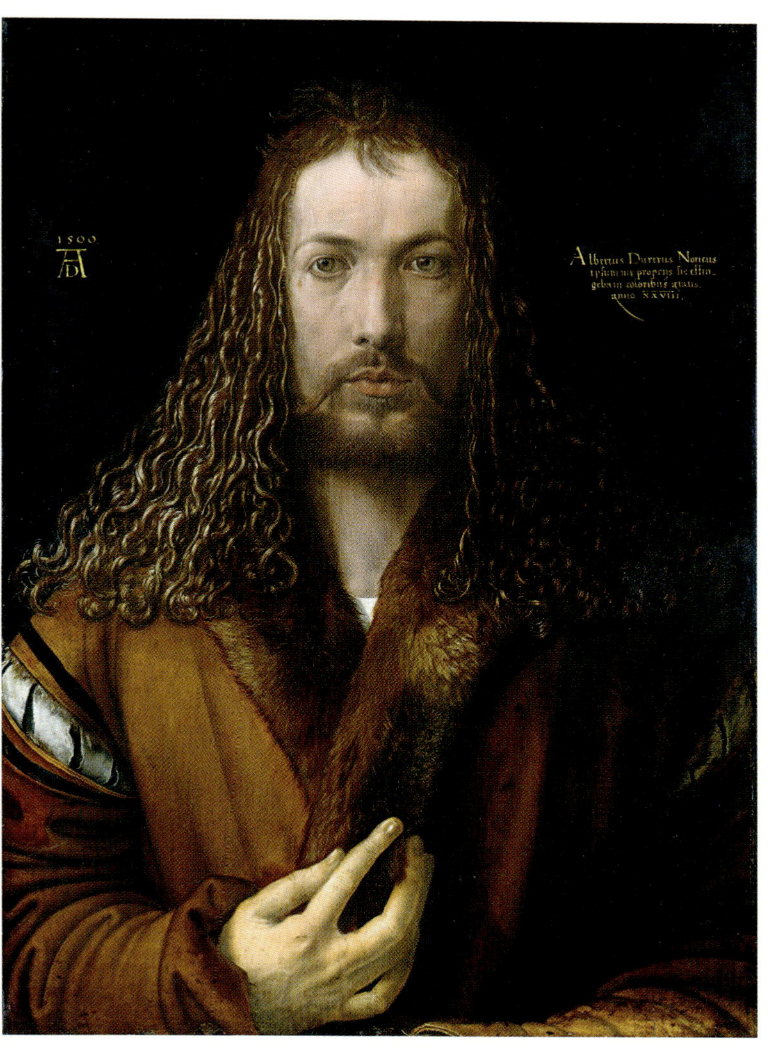

25 Albrecht Dürer, *Selbstbildnis im Pelzrock*, 1500, Öl auf Holz, 67 × 49 cm, München, Bayerische Staatsgemäldesammlungen, Inv.-Nr. 537

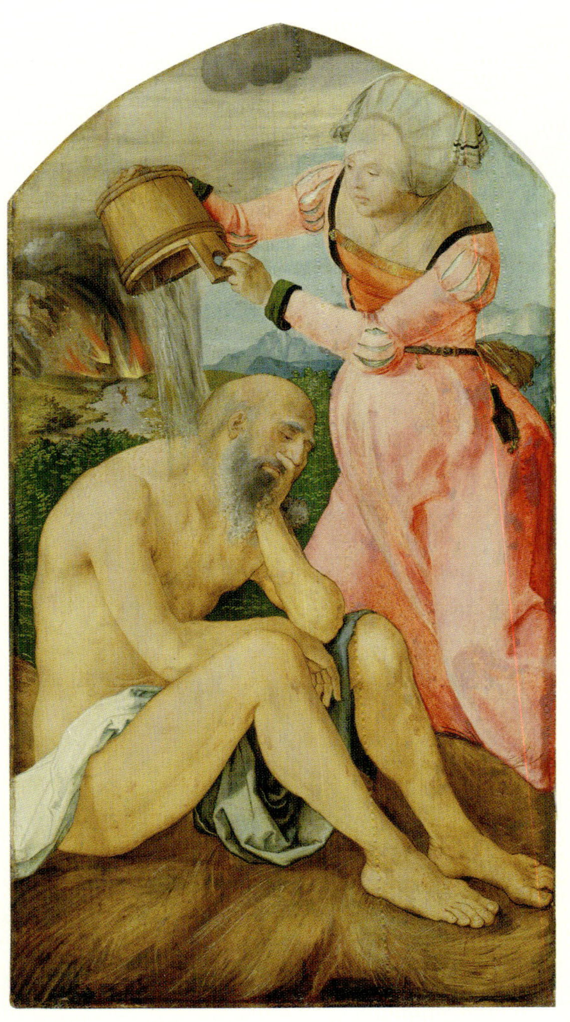

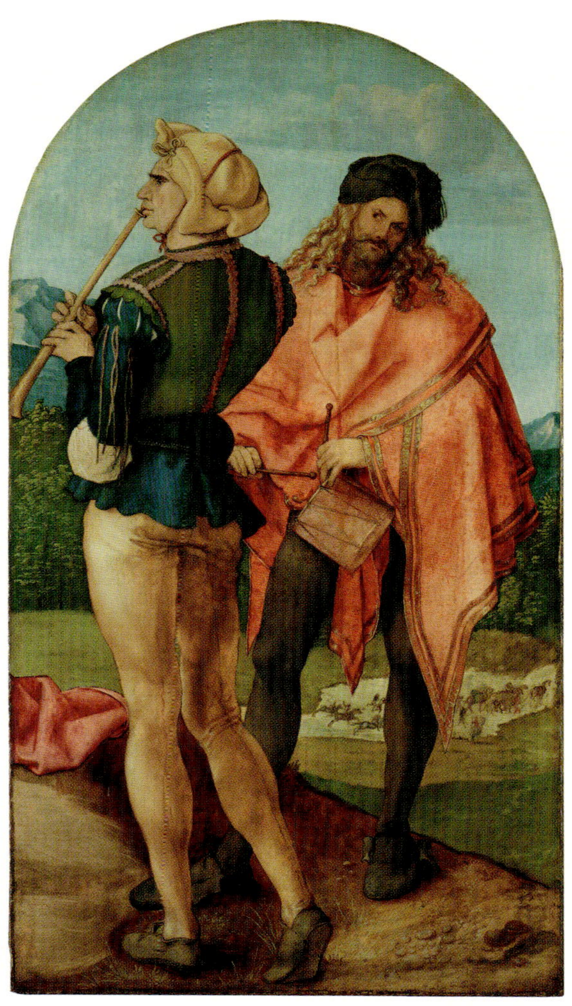

26 Albrecht Dürer, *Hiob wird mit Wasser übergossen / Zwei Musikanten* (Außenflügel des sog. Jabach-Altars), um 1504, Öl auf Holz, ca. 96 × 41 cm, Frankfurt, Städel Museum, Inv.-Nr. 890 / Köln, Wallraf-Richartz-Museum & Fondation Corboud, Inv.-Nr. 385

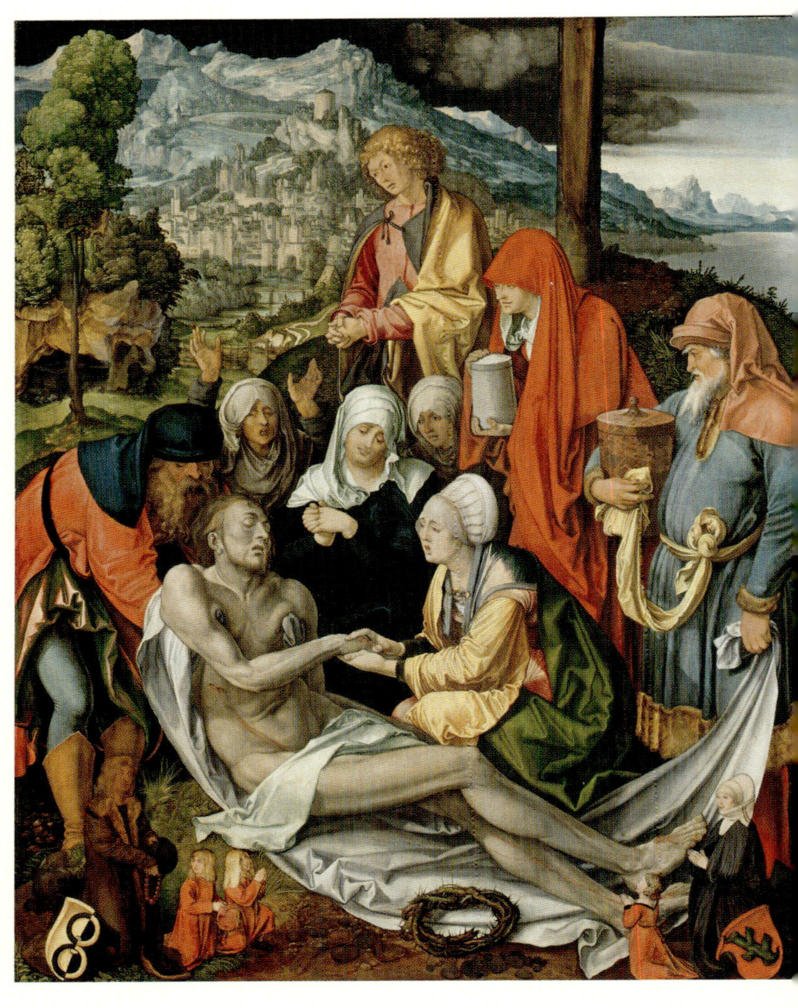

27 Albrecht Dürer, *Beweinung Christi für Albrecht Glim*, um 1502, Öl auf Holz, 151 × 121 cm, München, Bayerische Staatsgemäldesammlungen, Inv.-Nr. 704

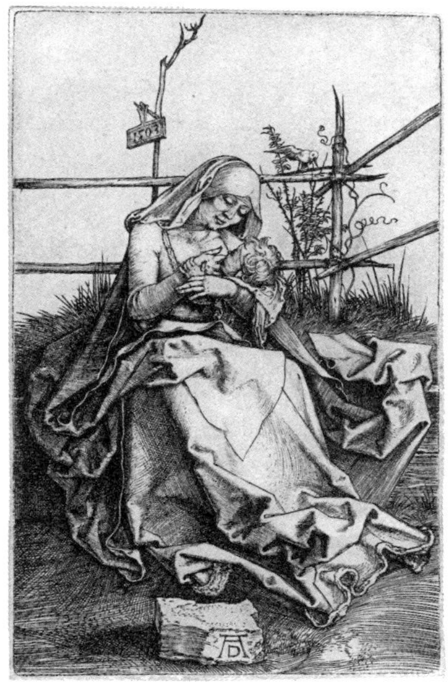

28 Albrecht Dürer, *Maria stillend auf der Rasenbank*, 1503, Kupferstich, 11,9 × 7,5 cm, Kunstsammlungen der Stadt Nürnberg, Inv.-Nr. Gr. A. 12811 (Slg. Diehl)

zu setzen. Denn die solide Basis, auf der Dürers zunehmende Bekanntheit und sein wachsender Wohlstand ruhten, lag kaum in vertrackten «Denkbildern», sondern zu einem guten Teil in eingängigeren Sujets wie etwa seinen Marienbildern. Und tatsächlich gehen Dürers Darstellungen der Gottesmutter in Druckgrafik, Zeichnung und Malerei in die Hunderte, womit sie sogar die Passion Christi als das zweite religiöse Kernthema in seinem Schaffen hinter sich lassen. Mit der ostentativ an den Zweig gebundenen Tabula ist der Kupferstich *Maria stillend auf der Rasenbank* von 1503 wohl nicht von ungefähr Dürers erstes datiertes Werk dieser Gattung (Abb. 28). Trotz der naturhaften Umgebung mit dem primitiv zusammengebundenen Holzgatter fungiert das kunstvoll ausgebreitete Faltengebirge des Mantels als Hoheitsmotiv, da hier auf Strahlenkranz, Heiligenschein oder eine mitgedruckte Gebetsanrufung, wie sie im Andachtsholzschnitt des 15. Jahrhunderts noch üblich war, ganz verzichtet wird. Doch mit dieser Schlichtheit geht eine große kompositionelle und emotionale Harmonie einher, da Maria ihre ganze Aufmerksamkeit lächelnd dem Kind an ihrer Brust zuwendet, womit die menschliche Natur der beiden göttlichen Personen betont wird. Insbesondere bei Italiens großem Kunstschriftsteller Giorgio Vasari fand diese innige Mutter-Kind-Beziehung regen Anklang. Nimmt man Dürers Monogramm auf dem Felsblock beim Wort, der buchstäblich zu Füßen der Madonna liegt, dann war er wohl auch selbst ein eifriger Marienverehrer und wurde damit zugleich zum Bildchronisten jener bisweilen fast schwärmerischen Marienfrömmigkeit, die ein zeittypisches Phänomen des Spätmittelalters war. Sie verdichtete sich gegen 1500 im sogenannten Immakulatenkult. Obwohl er in seinem Dogmatismus heute eher konservativ wirkt, wurde er von den meisten damaligen Intellektuellen vertreten und betraf vor allem das Bekenntnis zur sündelosen Geburt der Gottesmutter (*immaculata conceptio*), womit sie Christus in dieser Hinsicht gleichgestellt war. 1497 war in Nürnberg ein Traktat des Sponheimer Benediktinerabts und einflussreichen Humanisten Johannes Trithemius erschienen, in dem er auf Wunsch von Freunden aus dem Karmeliterorden eine Verteidigung dieser Sündelosigkeit in Verbindung mit einem besonderen Annen-Kult einforderte. Neben Trithemius hatten sich auch Konrad Celtis oder Sebastian Brant zum Immakulatenkult bekannt, ebenso wie die am Schluss namentlich genannten 82 Fakultätsmitglieder der Pariser Sorbonne, die damit deutlich anzeigen, dass es in dieser Frage Stellung zu beziehen galt. Dürer tat dies in seinem kleinen Kupferstich aber allenfalls mit Zurückhaltung: Zwar ist in dem luftigen Zaun, der den Bildraum nach hinten beschließt, das Motiv des *hortus conclusus* (verschlossenen Gartens) als Symbol der geschlechtlichen Unberührtheit Mariens angedeutet; aber eine dogmatische Zuspitzung wird man darin kaum erkennen wollen – eine wichtige Beobachtung, weil sich Dürer, zumindest in seiner Kunst, später auch der Reformation gegenüber eher reserviert verhalten wird.

Einen ausgesprochen fortschrittlichen Ton der Marienfrömmigkeit schlägt er aber auch mit einem seiner Hauptwerke an:

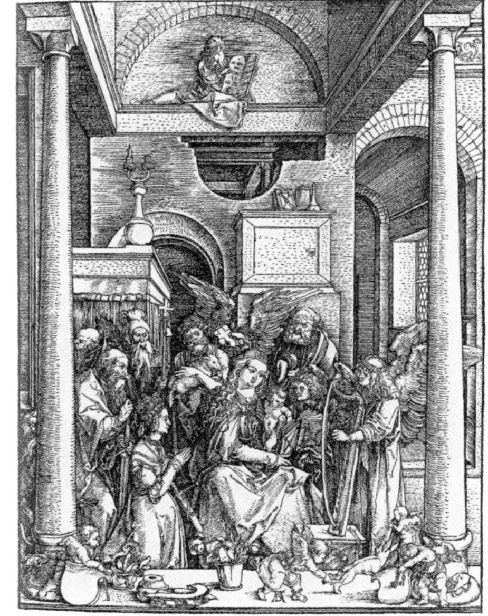

29 Albrecht Dürer, *Die Verehrung Mariens*, ca. 1502, Blatt 20 aus: ders. (Hg.), *Marienleben*, Nürnberg 1511, Buchholzschnitt, 29,6 × 21,3 cm, London, The British Museum, © Trustees of the British Museum, Inv.-Nr. 1895,0122.640

dem 1511 als Buch erschienenen *Marienleben*, dessen erste von insgesamt 20 ganzseitigen Holzschnitten bereits in die Entstehungszeit des Kupferstichs von 1503 fallen. Die meisten davon erschienen aber vorab auch als Einzeldrucke, und gerade das Blatt mit der *Verehrung Mariens* bringt den doppelten Zweck klar zum Ausdruck (Abb. 29): Während die leeren, vom Besitzer bei Bedarf auszumalenden Wappenschilde auf den Einzelverkauf zugeschnitten sind, entstammen die Drôleriemotive der spielenden Engel der Buchmalerei für die private Andacht und sind Indizien für die spätere Verwendung des Holzschnitts als Buchillustration. Er zeigt visionsartig ein frommes Idyll, das von der leisen Harfenmusik des Engels durchzogen wird. Interessant ist die Binnenrahmung durch zwei überschlanke Säulen, die zu einer irreal verschachtelten, doch perspektivisch konsequent konstruierten Bürgerstube gehören. Es ist bemerkenswert, wie Dürer hier das vertraute spätgotische Stilrepertoire vermeidet, ohne es jedoch – bis auf wenige Details – im Sinne der Renaissance zu überformen. Stattdessen hat ihn offenbar der Visionscharakter der Szene dazu animiert, eigene Wege zu gehen, wie die beiden Kapitelle auf verblüffende Weise zeigen: Ihrer Aufgabe gemäß leiten sie vom runden Säulenquerschnitt zur Rechteckform des aufliegenden Gebälks über, was zu einer geometrisch schlüssigen, aber völlig unklassischen Lösung geführt hat, für die es keine Entsprechung in der realen Architektur gibt. Anders ausgedrückt bedeutet dies, dass sich der Künstler für die Darstellung des Heiligen aufgefordert sah, eine Steigerungsform des Überlieferten zu ersinnen. Wie bei den gleichzeitig erschienenen Passionen stehen dem Blatt auf der linken Seite kunstvoll antikisierende lateinische Verse des Nürnberger Benediktiners Chelidonius gegenüber. Auch er betont natürlich die Makellosigkeit Mariens («inviolata virgo»), allerdings tut er dies in der antiken Strophenform des Asklepiadeus. Einmal mehr wird die klassische literarische Bildung des Verfassers in den Dienst der christlichen Verkündigung in Wort und Bild gestellt. Die Antike ist also für diesen heiligen Zweck zu überformen und zu steigern, was Dürer sinngemäß auf die Architektur des Raumes übertragen hat, wie der Blick auf die Kapitelle zeigen sollte. Doch kommt auch die Gelehrsamkeit selbst zur Darstellung, indem Maria als «sedes sapientiae» (Sitz aller Weisheit) ihren göttlichen Sohn in der Lektüre des Psalters unterweist und der humanistische Schutzpatron der klassischen Bildung, der hl. Hieronymus mit dem Kardinalshut, gerade seinen Löwen hereinkomplimentiert. In diesem letzten Abschnitt des *Marienlebens* finden sich auch jene Schlussverse, die die Widmung des Buches an eine der angesehensten Personen im geistlichen Leben der Stadt enthalten: Caritas, gelehrte Äbtissin des Nürnberger Klarissenkonvents – und Schwester der alsbald wichtigsten Person im Leben Dürers: Willibald Pirckheimer.

5. Der Mentor: Willibald Pirckheimer

Es gibt für Dürers Zusammenarbeit mit Konrad Celtis kein Dokument, das später als 1502 datiert (Abb. 24). Im Jahr darauf hingegen entstehen gleich zwei Porträtzeichnungen und der Entwurf eines Wappens für Willibald Pirckheimer (1470–1530) als klarer Beleg für eine nähere Bekanntschaft, vielleicht sogar schon Freundschaft. Wie die Kooperation mit Celtis ist auch diese Konstellation ein kulturgeschichtlicher Glücksfall, weil erneut die Biografien zweier großer Zeitgenossen einander wechselseitig erhellen. Doch kam dieser Glücksfall wohl nicht von ungefähr, denn es hat beinahe den Anschein, als sei Dürer von Celtis in die Obhut Pirckheimers quasi weitergereicht worden.

Willibald Pirckheimer entstammte einer hoch angesehenen Nürnberger Patrizierfamilie, die nicht nur wohlhabend und einflussreich war, sondern stets auch den Humanismus aktiv unterstützt hatte. So war es Willibalds Vater Johann gewesen, der maßgeblich die Fäden bei der Gründung der Poetenschule 1496 gezogen und darüber in engem Austausch mit Celtis gestanden hatte, der mehrfach in seinem Hause zu Gast war. Wie der Sohn und schon sein eigener Vater hatte Johann in Italien studiert und war dort in Kontakt mit bedeutenden Gelehrten gekommen. Das Jahr 1502 bildete eine bedeutsame Zäsur im Leben Willibalds, denn nach dem Tod des Vaters ließ er sich von allen Ratsgeschäften entbinden, um sich wieder ganz den humanistischen Studien widmen zu können, mit denen er in Italien begonnen hatte. Er hat sich vor allem um die Kenntnis und Vermittlung des Altgriechischen in Deutschland verdient gemacht. Erst ab 1502 ist es überhaupt denkbar, dass er Einfluss auf Dürer gewonnen hat. Das mutmaßliche Ergebnis einer ersten Zusammenarbeit aber war nichts Geringeres als das wohl einflussreichste Werk, das der Künstler überhaupt geschaffen hat: der

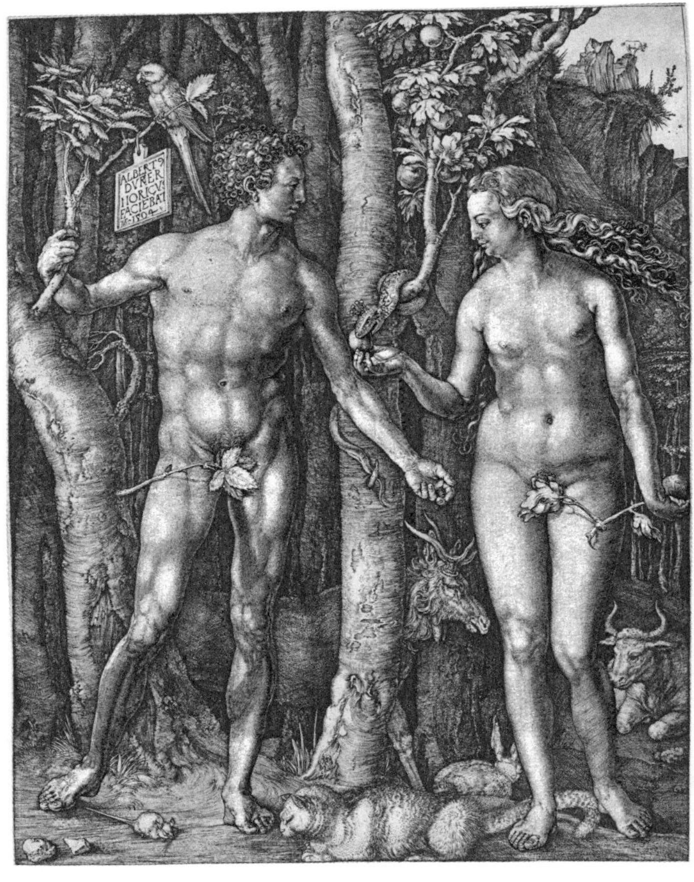

30 Albrecht Dürer, *Adam und Eva*,
1504, Kupferstich, 25,1 × 19 cm, Kunstsammlungen der Stadt Nürnberg,
Inv.-Nr. Gr. A. 12779 (Slg. Diehl)

Kupferstich *Adam und Eva* von 1504 (Abb. 30). Seine klare und präzise Komposition zielt unverkennbar darauf ab, einen gültigen Maßstab für die Darstellung des nackten menschlichen Körpers zu bieten – bei kaum einem anderen Werk ist Dürer so sehr «Lehrer». Was dem Blatt aber seine herausragende Autorität verleiht, ist – vor allem beim Adam – der so offensichtliche Rückgriff auf die Formensprache der Antike. Zieht man vergleichend die nur wenig früher entstandene *Nemesis* heran (Abb. 22), so scheint im direkten Gegenüber der beiden Kupferstiche nicht zuletzt der Paradigmenwechsel von Celtis zu Pirckheimer greifbar zu werden: War es unter dem Einfluss des «Erzhumanisten» noch die literarische Durchdringung der Stoffe, die im Vordergrund stand, so kommt mit Pirckheimer die zeittypische Leidenschaft für antike Skulptur zur Geltung. Denn dieser hatte selbst eine seinerzeit berühmte Sammlung von römischer und griechischer Plastik zusammengetragen, von der sich allerdings kein einziges existierendes Objekt mehr nachweisen lässt. Dass Dürer etwa den Apoll von Belvedere mit eigenen Augen gesehen hätte, dem sein Adam so ähnlich sieht, ist zwar auszuschließen; doch als verkleinerte provinzialrömische Replik in den Pirckheimerschen Beständen wäre ein solcher Weg der Inspiration durchaus denkbar. Diese Begegnung aber liegt wohlgemerkt lange nach seiner ersten und vor seiner zweiten Reise nach Italien, und wenn dieser brillante Kupferstich nicht schon mit Blick auf die kritischen Augen der Venezianer entstanden ist, dann wäre das Blatt im Reisegepäck des Nürnbergers ein außerordentlich glücklicher Zufall gewesen.

Zeitgleich saß Dürer an einem anderen Werk, das von großer künstlerischer Reife kündet: die *Anbetung der Könige* von 1504, die sich heute in Florenz befindet (Abb. 34). Die Szenerie ist im Vordergrund einer weiten Ruinenlandschaft angesiedelt, die auf antikisierende Anleihen wie Säulen und Kapitelle hier völlig verzichtet, ihre beinahe südländische Anmutung aber aus dem tiefen Himmelsblau bezieht. Dieses teure und entsprechend kostbar schimmernde Blau scheint den Goldgrund der älteren Tafelmalerei in eine moderne Form zu übertragen, wie überhaupt der erlesene Farbenprunk auf den mutmaßlichen Auftraggeber

Friedrich den Weisen zugeschnitten sein mag. Besonders in der zeichnerischen Präzision der Architektur und Landschaft sowie der Goldschmiedeobjekte offenbart sich der passionierte Grafiker, dem der weiche, erlesene Schmelz der Gewandbehandlung als malerisches Bravourstück beinahe kontrapunktisch entgegengesetzt wird, ganz so, als wollte Dürer demonstrieren, wie groß seine Meisterschaft auf beiden Gebieten sei. Hinzu kommt wie ein ergänzender Selbstkommentar die detaillierte Ausarbeitung des prunkvollen Goldgeräts und -geschmeides, das unverkennbar an seine Herkunft aus dem Handwerk des Vaters erinnert. Es verweist aber möglicherweise erneut auf Friedrich den Weisen, von dessen kostbarer, in Gold und Edelsteinen strahlender Reliquiensammlung in der Wittenberger Schlosskirche Wunderdinge erzählt wurden. Vielleicht spiegelt auf dieser Interpretationsebene auch ein eigentümliches Detail einen Wunsch des Auftraggebers: In die Vorderseite der Goldschatulle, die der greise König dem Jesuskind darbringt, ist der Drachenkampf des hl. Georg graviert. Sie wirkt aus dieser Perspektive fast wie ein Bursenreliquiar und verdiente vielleicht eine nähere Untersuchung. Dies gilt womöglich auch für die Haltung des jungen Königs im grünen Mantel, der den Kopf unbestimmten Blickes ins Profil und damit weg von Maria und ihrem Kind gewendet hat. Immer wieder ist behauptet worden, es handle sich um ein verstecktes Selbstbildnis des Künstlers, was an dieser prominenten Stelle der Komposition – und ohne die charakteristische Adlernase (vgl. Abb. 16, 19) – aber schwer vorstellbar erscheint. Handelte es sich bei der Tafel tatsächlich um ein Altarretabel aus der Wittenberger Schlosskirche, wofür einiges spricht, dann mag auch Dürers Bezahlung für die mühevolle Kläubelei fürstlich gewesen sein. Doch wirklich befriedigend dürfte diese Art der Arbeit für ihn kaum gewesen sein. Denn über den Monaten oder gar Jahren, die bei dieser Feinmalerei ins Land zogen, floss meist überhaupt kein Geld, während vor allem die Farben teuer waren und womöglich auch noch ein Geselle zu entlohnen war, der dem Meister hier an die Hand gegangen sein mag. Dem stand der Zufluss von kleineren, aber relativ stabilen und durch das wachsende Sortiment auch stetig anschwellenden Beträgen aus Dürers internationalem Grafikhandel gegenüber. So schreibt er in den bis 1514 reichenden Bruchstücken eines «Gedenkbuchs», dass ihm «einer zw Rom gestorben [sei] mit verlustigung meins gut[es]» – ein wirtschaftlicher Verlust zwar, aber doch der Hinweis darauf, dass mit der Grafik auch im Ausland vergleichsweise leicht Umsätze zu generieren waren: Geringe Materialkosten und unbeschränkte Transportierbarkeit standen einem relativ hohen Verkaufswert gegenüber. Dabei ist nicht auszuschließen, dass einer der schon früher genannten Handelsreisenden Koler, Schweizer oder Arnold hinter dem römischen Unglück steckt. Gerade solche Überlegungen mögen eine Rolle gespielt haben, als Dürer im Jahre 1505 den bemerkenswerten Beschluss fasste, Frau und Werkstatt in Nürnberg sich selbst zu überlassen und zur Ausführung eines Großauftrags und für den weiteren Vertrieb seiner Grafik Wohnsitz im fernen Venedig zu nehmen.

Etwa anderthalb Jahre sollten es am Ende werden, die er von Sommer 1505 bis in den Herbst des Jahres 1507 in der Welthandelsmetropole zubrachte. Aber gerade mit Blick auf Dürers quellenmäßig außergewöhnlich gut belegten Venedig-Aufenthalt offenbart die kunstwissenschaftliche Methodik so ihre Tücken. Denn seit der Entstehung der Kunstgeschichte als Universitätsfach zählt zu ihren großen Leiterzählungen die Überzeugung, dass seit dem 15. Jahrhundert alles Kunstschaffen auf seine Nähe oder Ferne zur italienischen, vor allem florentinischen Renaissance hin zu untersuchen und zu bewerten sei. Sie hat das bis heute verbreitete Dürerbild geprägt und zugleich verunklärt; denn auch in der «spätgotischen» Welt, aus der Dürer kam, blühten Künste und Wissenschaften, Handel und Technologie – von Überdruss am vermeintlich Angejahrten und Überholten keine Spur, im Gegenteil: Unermüdlich arbeitete Konrad Celtis ja am allegorischen Paradigmenwechsel, wonach Apoll seine Heimstatt aus Italien endlich in das dort so geschmähte Germanien verlegt hätte, so dass die entscheidenden kulturellen Impulse nun künftig von hier ausgehen sollten. Und die Bildende Kunst machte dabei in seinem Konzept keine Ausnahme, denn schließlich war er es ja auch gewesen, der den jungen Dürer schon gegen 1500 zur Reinkarnation des Apelles hochstilisiert hatte. Celtis tat also das, was einige Jahrzehnte später Giorgio Vasari in seinen Künstlerviten – mit ungleich größerem Erfolg – für die florentinische Kunst etablieren sollte: Er unterlegte seine Sicht der Dinge mit einer tragfähigen patriotischen Narration. Eine bloße Übernahme des Vorgefundenen aber kann für Albrecht Dürer nach dieser hochgemuten Ideologie kaum eine reelle Option gewesen sein und hätte im Widerspruch zu dem von Celtis und seinem Kreis erhobenen Anspruch auf kulturelle Dominanz der Deutschen in Europa gestanden.

Dies gehört zur Vorgeschichte von Dürers Venedigaufenthalt ebenso wie ein weiterer wichtiger Schritt für seine nationale Vereinnahmung durch die Humanisten. Sie offenbart sich in Gestalt der patriotischen Landesbeschreibung des Jakob Wimpfeling, die der führende Elsässer Humanist und antifranzösische Agitator unter dem Titel *Epithoma rerum Germanicarum* (Auszüge aus der deutschen Geschichte) verfasst hatte. Mit Wimpfelings eigener *Germania* von 1501 sind die *Epithoma* das wohl älteste Handbuch zur deutschen Geschichte überhaupt und versäumen es auch nicht, ein Kapitel über die vaterländische Kunst einzuschalten. Nach den rühmenden Erwähnungen der beiden Grafiker Israhel van Meckenem und Martin Schongauer berichten sie über den Nürnberger das Folgende:

> [...] Albrecht Dürer, selbst ein Deutscher, ist gegenwärtig der vorzüglichste und malt in Nürnberg die vollkommensten Bilder, die von den Händlern nach Italien gebracht werden und dort von den anerkanntesten Malern nicht weniger geschätzt werden als die Tafeln eines Parrhasios oder Apelles.

Zunächst war Dürers Name hier erstmals in die gedruckte zeitgenössische Literatur eingegangen, als das Werk 1505 in Straßburg für einen internationalen Markt auf Lateinisch erschien. Wimpfelings Worte wirken aber so, als habe er schon im Vorfeld dieser Reise gewusst, dass Dürer sie demnächst antreten würde, und angesichts von dessen venezianischem Hauptwerk ist dies vielleicht gar nicht so unwahrscheinlich. Denn hier ging es um nichts Geringeres als um ein neues *Hochaltarblatt für*

S. Bartolomeo, die Nationalkirche der Deutschen in Venedig, die am Fondaco dei Tedeschi die größte und wirtschaftlich potenteste Gemeinschaft ausländischer Kaufleute stellte (Abb. 35). Und diese Ausgangslage schlägt sich wohl auch im Habitus der Tafel nieder, denn sie muss ja nun als Werk eines berühmten, mit Wimpfelings Vorschusslorbeeren versehenen deutschen Malers vor den kritischen Augen der venezianischen Künstler und Kenner bestehen. Hier aber wird einmal etwas greifbar, über das die Quellen der Zeit so gut wie niemals berichten: das Hinfiebern eines Künstlers auf den spannungsreichen Moment, in dem ein Gemälde nach monatelanger, mühevoller Arbeit den Auftraggebern präsentiert wird. Im Falle des Rosenkranz-Bildes haben sich zehn Briefe Dürers an seinen Freund Pirckheimer erhalten, die – weit über ihren enormen kunsthistorischen Belang hinaus – einzigartige und berührende Dokumente einer Freundschaft sind, weil der Maler hier über künstlerische, aber auch über wirtschaftliche und private Dinge frisch und unverstellt berichtet. Doch immer wieder geht er auf die große Altartafel, ihre Entstehung und schließlich die öffentliche Präsentation ein. Anfang September 1506 war es schließlich so weit:

> Ich habe großes Lob dafür erhalten, aber wenig Nutzen. Ich wollte wohl 2000 Dukaten in der Zeit gewonnen haben und habe viel Arbeit ausgeschlagen, auf dass ich heimkäme, und ich habe auch all die Maler zum Schweigen gebracht, die da sagten, im Stechen wäre ich gut, aber im Malen wüßte ich nicht mit Farben umzugehen. Jetzt spricht jeder, sie hätten schönere Farben nie gesehen. [...] Ferner haben auch der Doge und der Patriarch meine Tafel gesehen.

Mit dem Dogen Leonardo Loredan, dessen berühmtes Porträt Giovanni Bellini gemalt hat, und dem Patriarchen Antonio Soriano hatten sich sogar die beiden höchsten Repräsentanten der Republik die Mühe gemacht, das Meisterwerk des Deutschen in Augenschein zu nehmen. Kein Zweifel also: Dürer hatte die von allen Seiten in ihn gesetzten Erwartungen glänzend erfüllt, und jener fruchtbare künstlerische Wettstreit, in dem er bis gegen 1503 mit dem Venezianer Jacopo de' Barbari in Nürnberg gelegen hatte, fand hier nun unter umgekehrten Vorzeichen gewissermaßen seinen krönenden Abschluss.

Doch zu Kopf gestiegen war Dürer der Ruhm offensichtlich nicht, denn dem Freund gegenüber spricht er ja ganz unumwunden davon, dass sich der Aufwand für ihn eigentlich nicht gelohnt habe. Und dass er nun vor den Italienern als «deutscher Apelles» hatte glänzen können, ist ihm keine Zeile wert. Wie ein rückblickender Kommentar wirkt da jene Stelle aus einem Brief an den Nürnberger Rat vom Oktober 1524, in dem es eigentlich um die möglichst hohe Verzinsung einer Spareinlage zur Alterssicherung ging. Denn Dürer führt hier als Argument ins Spiel, dass ihm der venezianische Rat eine Festanstellung mit 200 Dukaten jährlich angeboten hätte, die er jedoch «aus besonderer Liebe und Zuneigung, die ich [...] zu dieser ehrbaren Stadt als meinem Vaterland empfand», standhaft abgelehnt habe.

Wie mit der *Anbetung* für Friedrich den Weisen begab sich der erfolgreiche Grafiker Dürer für den *Rosenkranz-Altar* gewissermaßen zu seinen Ursprüngen zurück: der klassischen, sakralen Tafelmalerei, in der ihn Michael Wolgemut einst unterwiesen hatte. In dieser Werkstatt war gegen Ende von Dürers Lehrzeit für die Nürnberger Dominikanerkirche ebenfalls ein Rosenkranz-Retabel entstanden, an dessen erhaltenem rechten Außenflügel mit der anbetenden Geistlichkeit der Lehrling bei einzelnen Gesichtern, vor allem aber bei dem ungewöhnlich qualitätvollen Landschaftshintergrund sogar mitgewirkt haben könnte. Doch während dort Maria im geschnitzten Mittelschrein separat thronte, sind 1506 nun alle Bildelemente in einem Eintafel-Retabel nach italienischer Manier verschmolzen: Vor einer lichten, frühlingshaft wirkenden Alpenlandschaft, die man sich erfüllt vom leisen Spiel des Lautenengels zu denken hat, versammelt sich die Schar der Frommen kniend um den luftigen Baldachinthron der Madonna. Sie bildet mit Papst und Kaiser eine klassische Dreieckskomposition, deren Basis die gesamte Bildbreite einnimmt. Da die Szene als Altarbild natürlich über allen tagespolitischen Implikationen steht, ist das – auch damals – meist angespannte Verhältnis zwischen Papst- und Kaisertum sorgsam austariert: Auf der heraldisch höherwertigen Seite erhält der Stellvertreter Christi auf Erden seinen Kranz vom Jesusknaben selbst – allerdings erst kurz nachdem der ranghöchste Monarch der Christenheit den seinen von Maria aufgesetzt bekommen hat. Maximilian ist nach einem seiner zahlreichen Münzbildnisse gestaltet, wie auch sonst eine staunenswerte – und arbeitsintensive – Fülle von Porträts die Szene prägt. Zwar ist keiner der Dargestellten bislang mit völliger Sicherheit identifiziert worden, doch liegt es in der Bildlogik, dass hier die Vorsteher der deutschen Kaufmannschaft dargestellt sind, die mit jenen der Rosenkranzbruderschaft weitgehend identisch gewesen sein dürften und zu denen vermutlich noch besonders großzügige Geldgeber gesellt wurden. Neben dem Kaiser aber ist im rechten Bildhintergrund noch ein weiterer Mensch auf der Tafel klar identifizierbar: Albrecht Dürer selbst. Üblich waren solche Künstlerporträts allenfalls versteckt in einer Schar von Gläubigen oder Folterknechten. Hier aber bilden die humanistisch-patriotischen Begleitumstände der Tafel die Legitimation für das Außerordentliche dieses Selbstbildnisses, denn es erinnert alle Betrachter an den Urheber des Triumphs, der sich 1506 mit der Aufrichtung des Retabels in S. Bartolomeo verbunden hatte. Den Beweis dafür lieferte das Gemälde, das heute schwer beschädigt ist, einstmals selbst: Auf dem linken Knie der Madonna saß eine so authentisch echt gemalte Fliege, dass man sie ebenso reflexhaft wie vergeblich sogleich verscheuchen wollte – eine gelehrte Anspielung auf die Überlieferung von antiken Künstlerkonkurrenzen, bei denen obsiegte, wer das Auge am perfektesten zu täuschen verstand.

Doch wie gesagt: Hochmütig scheint Dürer über diesem Erfolg nicht geworden zu sein, und das nationale Pathos seiner humanistischen Umgebung scheint er selbst niemals aktiv aufgenommen zu haben. Dies lässt sich aus der Verehrung für den greisen venezianischen Maler Giovanni Bellini (1437–1516) herauslesen, von der er Pirckheimer brieflich berichtet. Sie mag auch durchaus Einfluss auf sein malerisches Schaffen gewonnen haben. Doch unterm Strich hatte er 1505 in Gestalt seiner revolutionären Druckgrafik weitaus mehr nach Venedig mitgebracht, als er anderthalb Jahre später von dort wieder mit nach Nürnberg nahm. Und die Vororte der Renaissance – das Mantua Mantegnas, das Florenz Botticellis oder das Rom Raffaels – hat er niemals betreten. Damit aber steht eine der kunsthistorischen Großerzählungen in Frage, wonach es Dürer mit seinen beiden Venedigreisen gewesen sei, der aus Überdruss am Alten und Sehnsucht nach dem Neuen die italienische Renaissance über die Alpen getragen habe. Hier liegen die Dinge wohl komplizierter.

Bis 1511 sollten noch drei weitere Altarretabel folgen, die auf ihre Weise alle nicht nur als Kunstwerke bemerkenswert sind: das bizarr-brutale Wimmelbild der *Marter der Zehntausend*, 1508 einmal mehr für Friedrichs des Weisen Wittenberger Schlosskirche geschaffen, in deren Zentrum Dürer mit seinem früheren Mentor Konrad Celtis steht, der kurz zuvor verstorben war. Es folgte der 1729 bei einem Brand der Münchner Residenz weitgehend zerstörte *Thomas-Altar*, den der reiche Kaufmann Jakob Heller 1509 in der Frankfurter Dominikanerkirche über seiner Grabstätte hatte aufrichten lassen. Hier sind die Entstehungsumstände durch die neun erhaltenen Dürer-Briefe an seinen Auftraggeber außerordentlich gut dokumentiert – mitsamt der Diskrepanz, die der Künstler zwischen Aufwand und Ertrag empfunden hat. Dies vor allem dürfte der Grund dafür sein, dass Dürer mit dem *Allerheiligen-Bild* für die Nürnberger Kapellenstiftung des Matthäus Landauer schon 1511 sein letztes Retabel ablieferte, bemerkenswert vor allem deshalb, weil hier ein architektonisch ambitionierter Neubau formal und programmatisch auf die kostbare, heute in Wien befindliche Tafel abgestimmt war, für die Dürer sogar den aufwendigen Rahmen entworfen hatte. Doch schon im folgenden Jahr sollte sich die Auftragslage für Dürer grundlegend wandeln.

6. Eine Frage der Ehre: Dürer arbeitet für Kaiser Maximilian

Mit Buchillustrationen hatte sich der junge Dürer erste Anerkennung und Einkünfte erworben. Dabei war ihm über seinen Taufpaten, den Großverleger Koberger und dessen oberrheinische, vielleicht auch venezianische Kontakte ein so intensiver Einblick in Produktion und Vertrieb von Büchern möglich, wie kaum einem anderen Künstler. So war es konsequent, dass mit der *Apokalypse* (Abb. 20, 21) schon 1498 ein erstes eigenes «Kunst-Buch» erschien, bei dem Dürer offensichtlich auch die Text-Bild-Redaktion eigenständig besorgt hatte. Doch fast anderthalb Jahrzehnte sollte es dauern, bis er auf diesem Weg weiterschritt – nun allerdings mit einem gewaltigen Sprung, dessen künstlerische und technische Bewältigung noch heute Staunen macht. Denn 1511 erschienen mit *Großer* und *Kleiner Holzschnitt-Passion*, dem *Marienleben* (Abb. 31, 32) und einer Neuauflage der *Apokalypse* nicht weniger als vier mit ganzseitigen Holzschnitten durchgehend illustrierte Bücher – ein regelrechter Kraftakt.

Wie schon bei der *Apokalypse* waren natürlich auch die Holzschnitte für die drei neuen Bücher nicht auf einen Schlag entstanden, indem deren früheste noch vor das Erscheinen der *Apokalypse* 1498 zu datieren sind. Die Bandbreite des stilistischen Wandels, den Dürer innerhalb dieser riesigen Werkgruppe während mehr als einem Jahrzehnt durchlaufen hat, wird in der Gegenüberstellung der *Geißelung Christi* aus der *Großen Passion* von etwa 1496/97 (Abb. 31) mit dem grandiosen spätesten Holzschnitt der *Himmelfahrt und Krönung* aus dem *Marienleben* von 1510 (Abb. 32) deutlich. Beide werden von einem hochartifiziellen lateinischen Verstext des humanistisch ambitionierten Nürnberger Benediktiners Benedictus Chelidonius begleitet. Sein Anspruch war es, die Früchte seiner klassischen Bildung mit der biblischen Erzählung in harmoni-

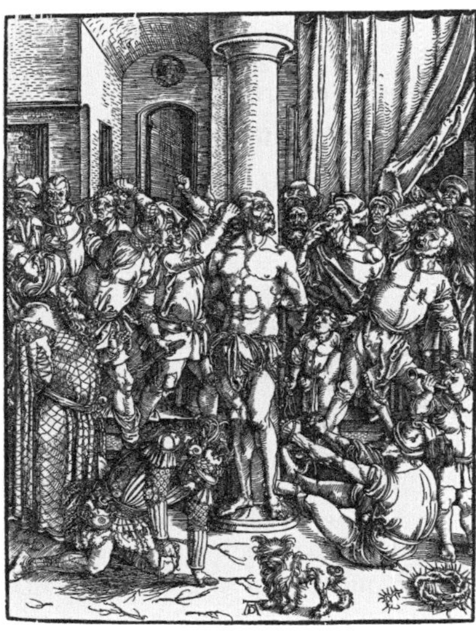

31 Albrecht Dürer, *Die Geißelung Christi*, um 1496/97, Figur 5 aus: ders. (Hg.), *Die große Passion*, Nürnberg 1511, Buchholzschnitt, 38,2 × 27,5 cm, Kunstsammlungen der Stadt Nürnberg, Inv.-Nr. Gr. A. 08203-5

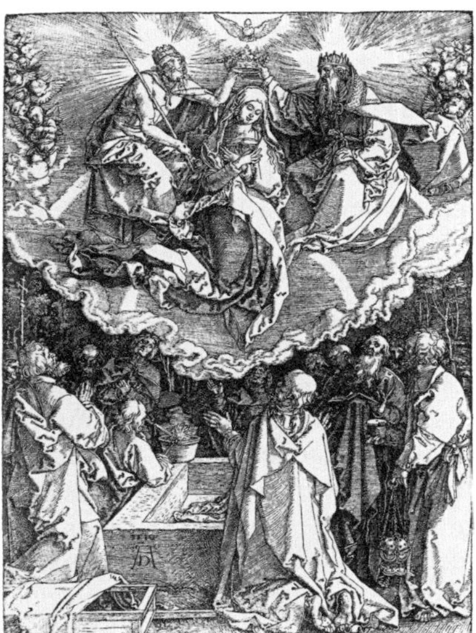

32 Albrecht Dürer, *Mariä Himmelfahrt und Krönung*, 1510, Blatt 19 aus: ders. (Hg.), *Marienleben*, Nürnberg 1511, Buchholzschnitt, 29 × 20,7 cm, London, The British Museum, © Trustees of the British Museum, Inv.-Nr. E,2.189

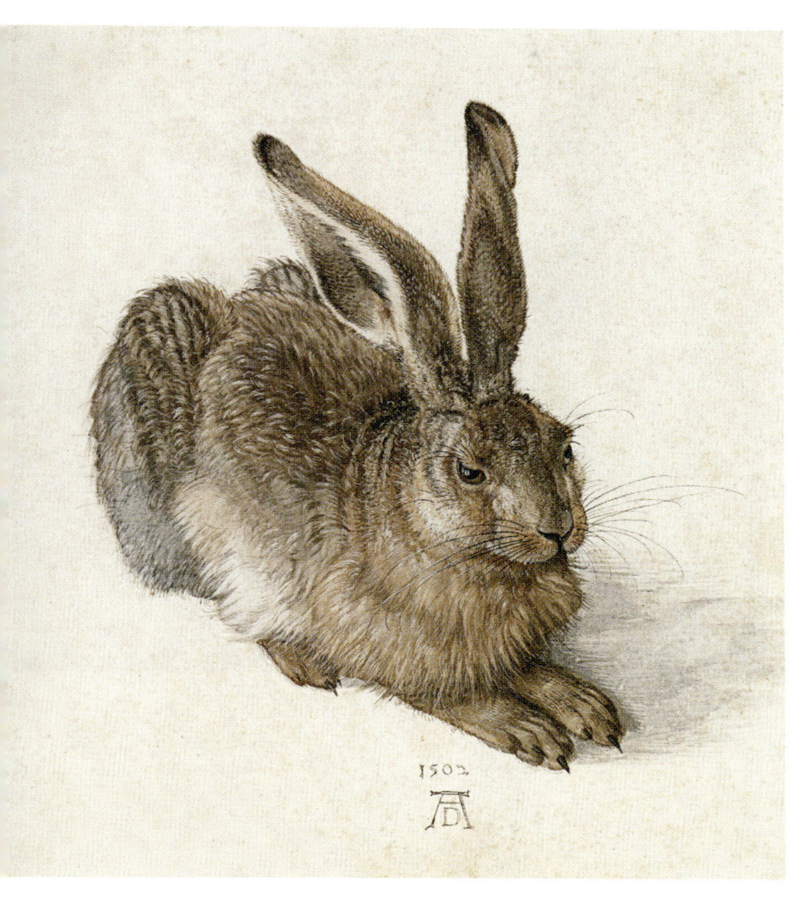

33 Albrecht Dürer, *Feldhase*, 1502, Aquarell und Deckfarben, 25 × 22,5 cm, Wien, Albertina, Inv.-Nr. 3073

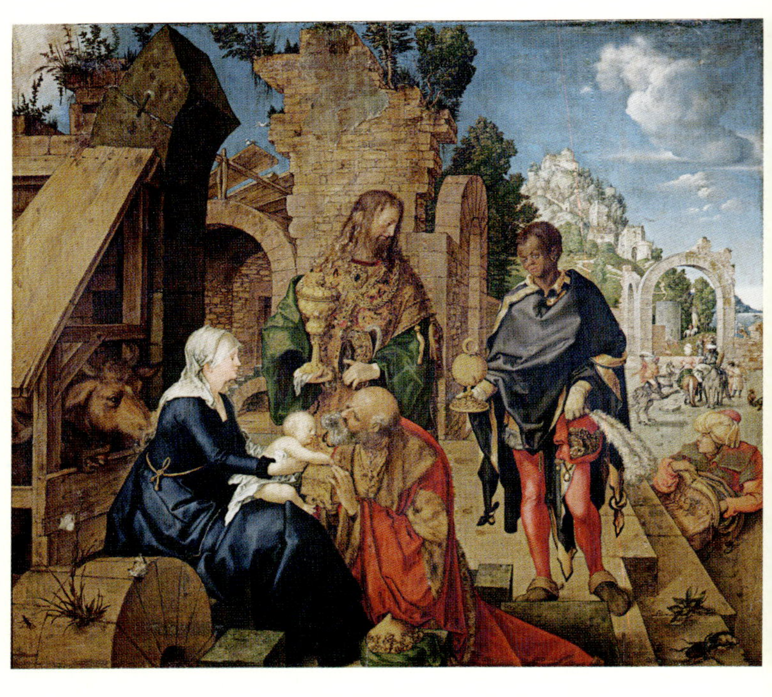

34 Albrecht Dürer, *Die Anbetung der Könige*, 1504, Öl auf Holz, 100 × 114 cm, Florenz, Gallerie degli Uffizi, Inv.-Nr. 1434

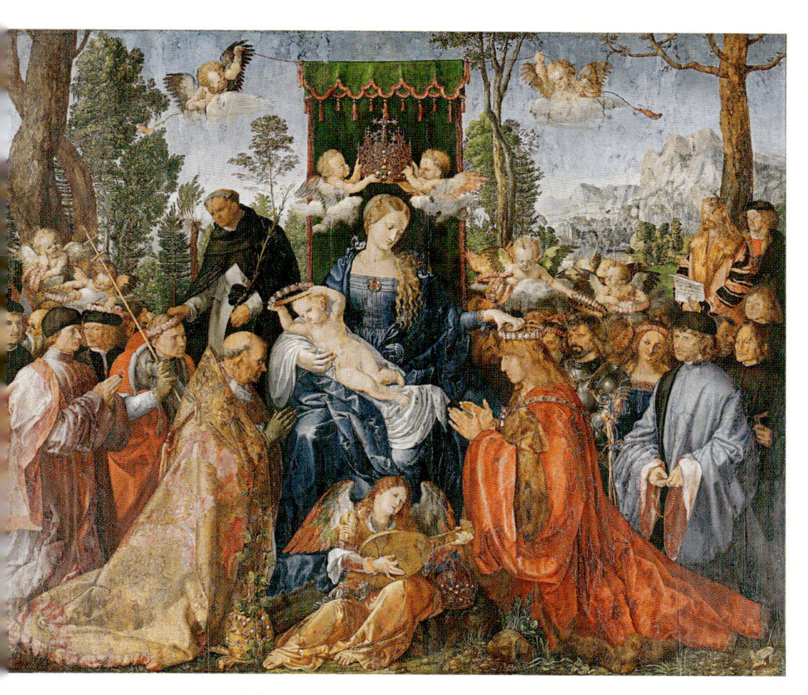

35 Albrecht Dürer, *Das Rosenkranzfest*, 1506, Öl auf Holz, 162 × 194,5 cm, Prag, Národní galerie, Inv.-Nr. O. P. 2148

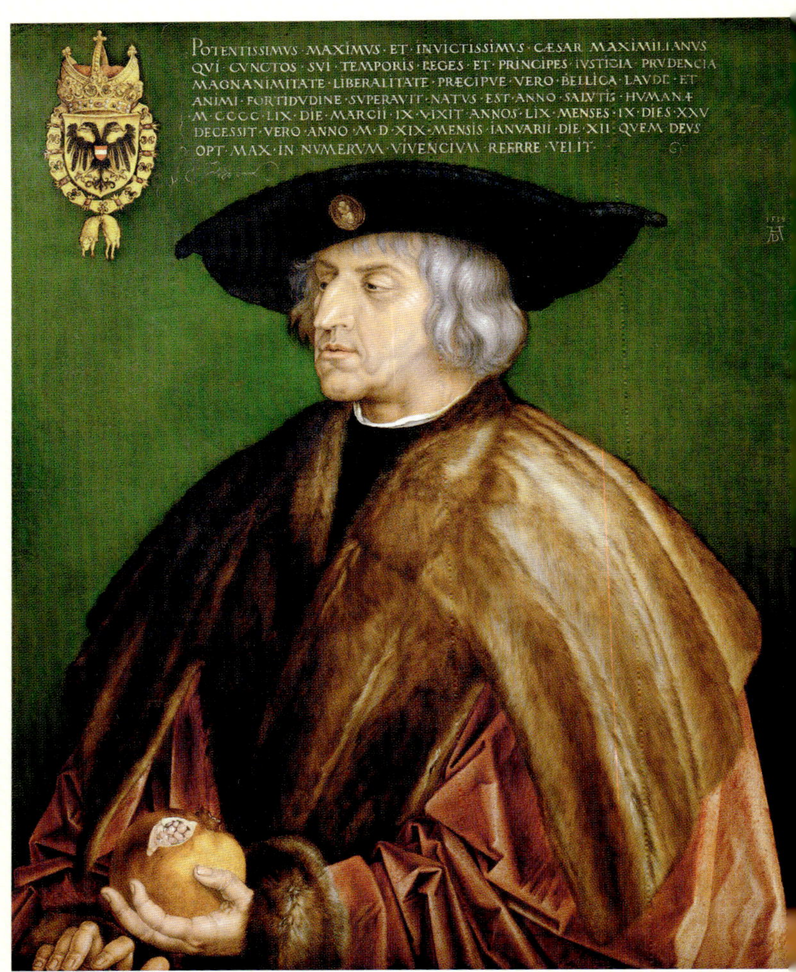

36 Albrecht Dürer, *Bildnis Kaiser Maximilians I.*, 1519, Öl auf Holz, 74 × 71,5 cm, Wien, Kunsthistorisches Museum, Inv.-Nr. 825

schen Einklang zu bringen. Unverkennbar schickt sich Dürer an, diese Haltung auch bildkünstlerisch nachzuvollziehen. Dies aber heißt nichts anderes, als dass Dürer seinen Umgang mit der biblischen Überlieferung als freie, eigenständige Interpretation auffasste, die dem Text gleichwertig gegenüberstand. In seiner Eindeutigkeit ist dies kaum anders denn als beeindruckender Akt künstlerischer Emanzipation und Selbstermächtigung aufzufassen, wie er sich bereits 1498 in der *Apokalypse* angedeutet hatte (Abb. 20, 21).

So steht im Zentrum der *Geißelung* aus der *Großen Passion* ein geradezu herkulischer Christus (Abb. 31), der das brutale Reißen an seinem Haar mit Schmerzensmiene erduldet und den Blick dabei unverkennbar auf den Betrachter, den sündenbeladenen Verursacher seiner Qualen, gerichtet hat. Der Raum vermeidet zeitgenössische Reminiszenzen wie Gewölberippen und Dienste auffällig und wählt für die Säule ohne Kapitell betont schlichte, offenbar auf die Antike anspielende Formen, auf deren schalenfömiger Basis sogar die Füße des Gegeißelten Platz finden. Sein mächtiger Leib ist aus anatomischen Einzelbeobachtungen, nicht nach der Natur zusammenkomponiert, wie der sich unter Schmerz und Anspannung expressiv vorwölbende rechte Oberschenkel demonstriert. Ähnlich hybrid wirkt auch das Pandämonium der Feinde Christi, die in der alten Kunst stets hässlich sind und hier zudem in wilder Fantasietracht agieren. Doch sind das Porträtmedaillon und der kniende Krieger eindeutig antikisierend.

Bei der *Himmelfahrt Mariens* hingegen vollzieht sich die Handlung in weitaus ruhigeren Formen, wobei Dürer für das Eindringen von überirdischem Geschehen in die weltliche Sphäre auf das bewährte Kompositionsschema der *Apokalypse* und der *Nemesis* (Abb. 20, 22) zurückgreift. Durch die geschickte Ausnutzung von Licht- und Schatteneffekten erhält die Gruppe der Apostel räumliche Tiefe, die von der Sarkophagwand durchmessen wird. Obwohl Tod, Auferstehung und Himmelfahrt Mariens in der Bibel nicht erwähnt werden, haben die Ereignisse aus dem irdischen Leben Mariens heraus eine gewisse Logik. Dies unterstreicht Dürer mit zahlreichen Gegenständen aus der zeitgenössischen Begräbnispraxis, allen voran die Bahre links vorne, und nicht umsonst endet das «Ave Maria» als populärstes Mariengebet überhaupt mit der Bitte um Beistand im Tod. Sie kommt im knienden Apostel im Vordergrund zum Ausdruck, der dem sündigen Betrachter die Fußsohlen zuwendet. Auf ihn blickt Christus aus seiner himmlischen Herrlichkeit herab und weist ihm mit Maria den zweiten aller in den Himmel aufgefahrenen Menschen trostreich vor. Hier gibt es nun keine ostentativen Verweise auf die Antike mehr, denn die gefundene Bildlösung ist aus sich selbst heraus «klassisch».

Gegenüber den erheblichen stilistischen Divergenzen innerhalb der großen Bücher ist die *Kleine Passion*, deren Blätter alle 1509/10 entstanden sind, das homogenste Werk des Jahres 1511. Dabei ist die *Kreuzigung Christi* ein zentrales, von Dürer sein ganzes Schaffen hindurch immer wieder behandeltes Thema, das hier auf kleinstem Raum zu einer exemplarischen Lösung gefunden hat (Abb. 37). Da sich beim Kreuzestod der Himmel verfinsterte, ist das Geschehen als Nachtszene wiedergegeben, auf die aus einer unbekannten Quelle dramatische Schlaglichter fallen. Maria Magdalena hat sich aus der Gewandfigurengruppe der trauernden Frauen gelöst, um Jesus die Füße zu küssen, während unmittelbar dahinter Johannes in expressivem Klagegestus die Hände ringt. Gemeinsam mit der Trauernden am linken Bildrand rahmt der später heiliggesprochene Longinus mit der Lanze rechts die Szenerie. Sie wirkt so nahsichtig und kompakt, weil das kleine Format keine erhöhte Position für den Gekreuzigten erlaubte, der hier als Mensch unter Menschen stirbt. Einzig der Hauptmann mit Turban und geschlitzten Beinlingen wendet sich dem Betrachter zu, und tröstlich drückt der Segensgestus seine späte Gotterkenntnis aus. Dürers Monogramm weist in perspektivischer Verkürzung auf den Kreuzesstamm und deutet so an, dass der Künstler im Sinne seiner Selbstverpflichtung zur bildlichen Verkündigung arbeitet. Neben den Versen des Chelidonius haben die drei Bücher von 1511 aber noch eine weitere Gemeinsamkeit, denn sie enden alle mit einer geharnischten Nachschrift, die auf das Urheberrecht verweist:

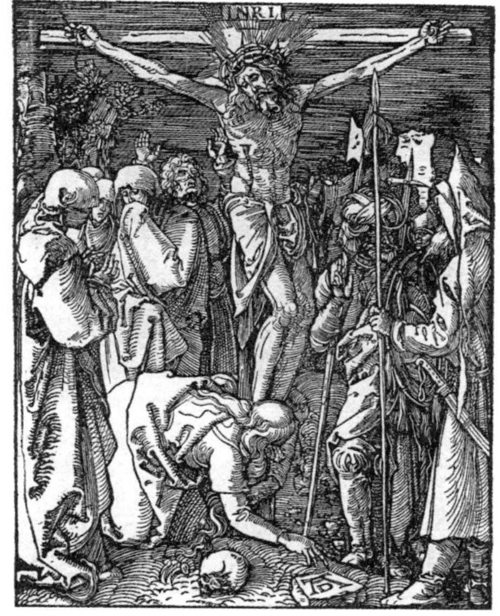

37 Albrecht Dürer, *Christus am Kreuz*, ca. 1509, Blatt 25 aus: ders. (Hg.), *Die kleine Passion*, Nürnberg 1511, Buchholzschnitt, 12,7 × 9,7 cm, Privatbesitz

> Wehe dir, Betrüger und Dieb von fremder Arbeitsleistung und Einfällen, lass es dir nicht einfallen, deine dreisten Hände an diese Werke anzulegen! Denn lass dir sagen, dass uns das Privileg durch den ruhmreichsten Kaiser des Heiligen römischen Reichs, Maximilian, erteilt ist, dass niemand in Nachschnitten diese Bilder drucken oder gedruckt innerhalb des Reichsgebiets verkaufen darf. Solltest du aber in Missachtung oder aus verbrecherischer Habgier zuwiderhandeln, sei versichert, dass du nach Konfiskation deines Besitzes mit der schärfsten Strafe rechnen musst. (Übersetzung: Claudia Wiener)

Das war zweifellos eine Reaktion auf die Kopie der *Apokalypse* durch Johann Greff, der 1502 betrügerisch sogar Dürers Monogramm getilgt hatte. Doch mindestens ebenso wichtig ist der darin erwähnte Name Kaiser Maximilians I., der nun alsbald jene Bedeutung für Dürer erlangen sollte, die er sich seit den Zeiten mit Celtis erhofft haben mag.

Um 1500 «passierte» Geschichte nicht einfach. Denn vom Brotpreis bis zur siegreichen Schlacht hielt man alles, was sich ereignete, für sinnhafte Bestandteile des göttlichen Heilsplans: Vier Weltreiche hatten einander abgelöst, und zum Ende des letzten würde das Jüngste Gericht über die Menschheit hereinbrechen. Wer danach zur Schar der Auserwählten gehören wollte, war aufgerufen, dieses letzte der Reiche zum bestmöglichen auf Erden zu gestalten. Dies passte zu der von den Humanisten vehement vertretenen Überzeugung, dass das Heilige Römische Reich deutscher Nation als das letzte vor dem Weltende schöner und mächtiger denn je erstrahlen sollte, gewissermaßen die Vollendung des antiken Imperium Romanum, in dessen direkter Tradition man sich wähnte. Für die Generation des Konrad Celtis war dieses patriotische Erneuerungsprojekt (vgl. Kap. 2) seit dessen Aachener Krönung 1486 an den jungen Hoffnungsträger auf dem Königsthron gebunden: *Maximilian I.* (1459–1519, Abb. 36). Bis dahin war sein Leben vorwiegend durch die ständigen Kämpfe mit Frankreich um das Erbe seiner früh verstorbenen Frau, Maria von Burgund, geprägt gewesen.

Es ist nicht leicht, der Persönlichkeit Maximilians habhaft zu werden. Ständig in Kriege verwickelt und unausgesetzt auf Reisen, war er von einer großen Schar von Dienern, Beratern und Vertrauten umgeben, die schon die Zeitgenossen mit einer Hecke verglichen. Zudem unternahm er bis dato beispiellose Anstrengungen, um seine Person, das Haus Habsburg und sein herrscherliches Wirken durch Literatur und Bildende Kunst für die Mit- und Nachwelt aus der oftmals banalen Realität in beinahe schon überirdische Sphären zu entrücken. Dabei war er allen anderen Herrschern seiner Zeit weit voraus, indem er auf die neuen Mittel der Vervielfältigung zurückgriff, die sich in Buch- und Bilddruck um 1500 rasch perfektionierten. Dies beruhte aber nicht nur auf einer exaltierten persönlichen Ruhmsucht, sondern auf einem Geschichtsdenken, das sich an Stammbäumen orientierte: Maximilian sah sich als «Summe» seiner erlauchten Vorfahren, und unentwegt ließ er nach weiteren Ahnen forschen, um den uradeligen Status des Hauses Habsburg und damit seiner selbst und aller Nachkommen weiter zu steigern. Das hat

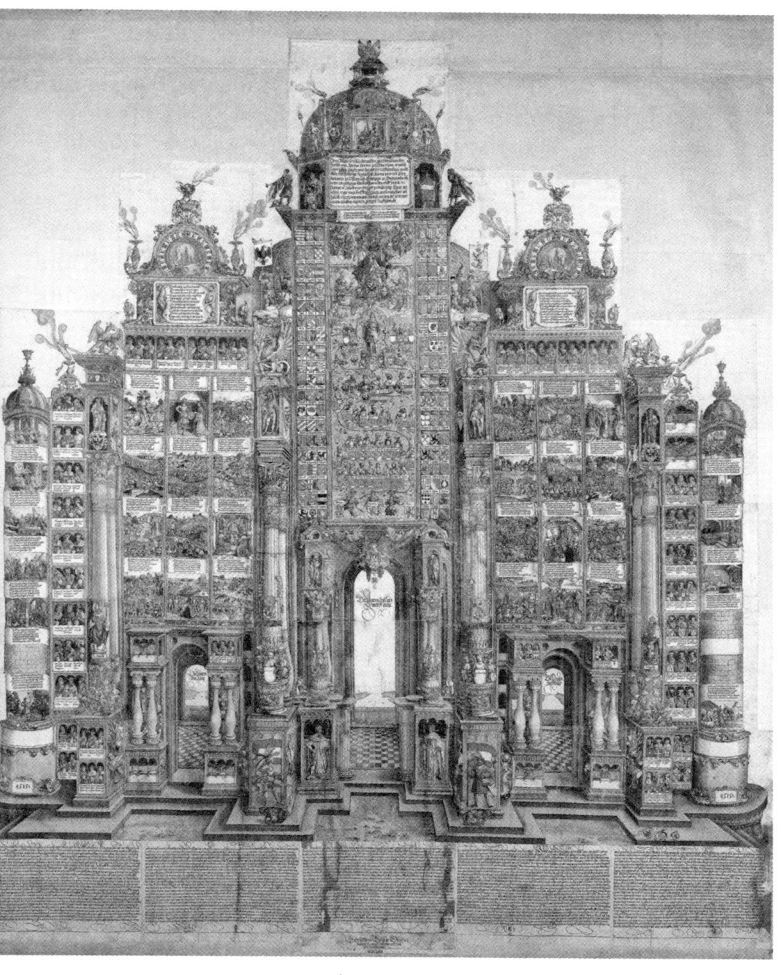

38 Albrecht Dürer und Werkstatt, *Die Ehrenpforte für Kaiser Maximilian I.*, 1517/18 (2. Ausgabe 1559), kolorierter Riesenholzschnitt von 198 Druckstöcken, ca. 341 × 292 cm, Wien, Albertina, Inv.-Nr. DG 1935/973

mit moderner, ergebnisoffener Geschichtsforschung natürlich nichts zu tun, denn in dem Stammbaum, wie ihn der Riesenholzschnitt der *Ehrenpforte*, Dürers imposantester Beitrag zum kaiserlichen Ruhmeswerk, im Zentrum zeigt (Abb. 38), deuten die drei Frauenfiguren ganz unten an, dass der Kaiser Vorfahren unter den Karolingern, Germanen und sogar den Trojanern gehabt habe. Andere Stammbäume bezogen den antiken Halbgott Hercules ein, und sogar der alttestamentliche Patriarch Noah musste herhalten – kurzum: In der Vorstellung des Kaisers und seiner Gelehrten reichte die Geschichte des Hauses Habsburg bis in die Anfänge der Menschheit hinab. Es war folglich als einziges berechtigt, über das ranghöchste und vermeintlich älteste aller christlichen Reiche zu herrschen.

Zu den Wissenschaftlern, die der Kaiser für diese Forschungen heranzog, gehörte auch der vielbegabte Humanist, Historiograf, Geograf und Mathematiker Johannes Stabius (Abb. 39, um 1468–1522). Da er an den Universitäten in Ingolstadt und Wien zu den Vorzugsschülern des Celtis gezählt hatte, ist auch von einer frühen Bekanntschaft mit Dürer auszugehen, zumal Stabius sich seit den 1490er Jahren immer wieder länger in Nürnberg aufhielt. Innerhalb von Dürers Freundeskreis ist er derjenige, der ihm die meisten Aufträge für den Holzschnitt verschaffte. Schon 1504 wurde seine Nürnberger Werkausgabe des arabischen Astronomen Messahalah mit einem Titelholzschnitt aus dem Dürer-Umfeld ausgestattet. Bedeutender aber sind die geografisch bahnbrechenden Erd- und Himmelskarten, die sich der Gelehrte um 1515 von Dürer auf den Druckstock hatte reißen lassen. Weitere Blätter für seinen privaten Bedarf kamen hinzu. Doch das persönlichste Werk, das aus ihrer Zusammenarbeit hervorging, ist 1513 der Porträtholzschnitt, der den Gelehrten in der Gestalt des *hl. Koloman*, eines auch für Maximilian wichtigen österreichischen Schutzpatrons zeigt. Mit klarem Blick fixiert der kräftig gebaute Märtyrer im einfachen Pilgergewand den Betrachter. Einfach ist auch das Liniengefüge des Holzschnitts gehalten, so dass die Möglichkeit einer farbigen Ausgestaltung denkbar erscheint, was auch die vier Wappen nahelegen. Bemerkenswert ist aber vor allem die Präzision, mit

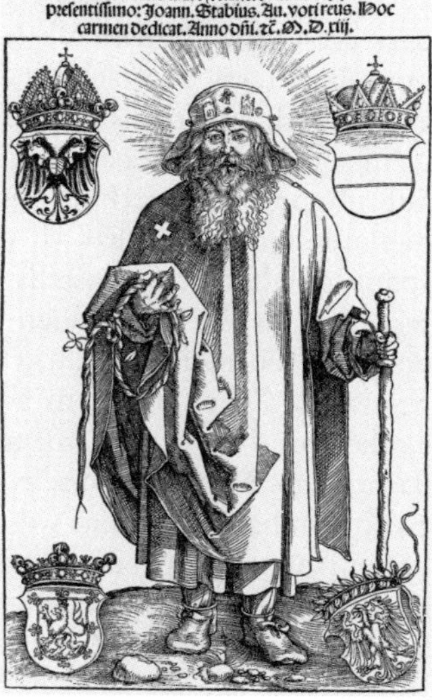

39 Albrecht Dürer, *Johannes Stabius als hl. Koloman*, 1513, Holzschnitt, 36,9 × 30 cm, London, The British Museum, © Trustees of the British Museum, Inv.-Nr. 1895,0122.683

der Dürer die Physiognomie des Freundes in dem nur wenige Zentimeter hohen Gesichtsausschnitt wiedergibt. Dies mag ein Ausdruck seiner Bedeutung für den Künstler gewesen sein, denn Stabius begleitete ab 1503 den Kaiserhof auf seinen Reisen.

So ist es vermutlich der Fürsprache des Hofhistoriografen zu verdanken, dass der Künstler 1512 offiziell für die Fertigstellung der *Ehrenpforte* für Kaiser Maximilian herangezogen wurde. Sie zeigt neben dem Wappen des Hofmalers Jörg Kölderer und dem – deutlich kleineren – Dürers auch jenes des Stabius, der die Zuordnung von Text- und Bildmaterial koordinierte. Das papierene Monument war bei Historikern stets beliebter als in der Kunstgeschichte: zu kleinteilig und heterogen erscheint die Formensprache, zu gering der eigenhändige Anteil Dürers und – für die Seitentürme – Albrecht Altdorfers zugunsten von bescheideneren Mitarbeitern wie Wolf Traut oder Hans Springinklee. Dennoch ist Dürers Leistung nicht gering zu schätzen, denn nach seinen Anweisungen wurde das merkwürdige Gebilde ab 1512 nicht nur überarbeitet und stilistisch modernisiert. Vielmehr dürfte es auch auf den erfahrenen Druckgrafiker zurückzuführen sein, dass dieser mit dreieinhalb Metern Höhe bis heute größte und komplizierteste Holzschnitt der Kunstgeschichte gegen Ende 1517 überhaupt realisiert werden konnte. Dabei wurden nicht weniger als 198 Holzstöcke partienweise zusammengefasst und auf 36 ganzen Papierbögen gedruckt, um anschließend zusammenmontiert zu werden. Ursprünglich offenbar in Gestalt eines spätmittelalterlichen Kastells angeordnet, rahmt Dürer das Bildmaterial aus Personenreihen und Historienszenen nun mit moderneren Formen, indem er Dekorelemente eines dreitorigen römischen Triumphbogens sowie allerlei allegorisches Personal einflicht und die drei Türme mit Kuppeln versieht. Interessant ist daran, dass Männer wie seine Freunde Pirckheimer und Stabius zwar durchaus wussten, wie die antiken Vorbilder ausgesehen hatten; dennoch ist das Gefüge aus spätmittelalterlichen und klassischen Versatzstücken letztlich eine hybride Mischform. So kommt auch in der Gesamterscheinung dieses einzigartigen Kunstwerks zur Verherrlichung des Habsburgers die humanistische Reichsideologie zum Ausdruck. Dabei ging es nicht einfach um die Imitation antiker Repräsentationsformen, sondern um ihre Fortführung und Vollendung im Heiligen Römischen Reich Maximilians. Und so war sein Verständnis von Kunst und Literatur vor allem auf die ideologische Zweckhaftigkeit der in seinem Auftrag geschaffenen Werke gerichtet; künstlerische Erwägungen waren dabei nachrangig.

Gleichwohl hatte der Herrscher auch reizvollere Aufgaben zu vergeben: so etwa den *Triumphwagen*, einen weiteren Riesenholzschnitt, der für das Ende seines gedruckten, unvollendet gebliebenen Triumphzugs vorgesehen war (Abb. 50, vgl. Kap. 8), der noch als Torso eine Länge von über 100 Metern hat. Wie die Ehrenpforte war er als nahezu beliebig oft reproduzierbares herrscherliches Geschenk an befreundete – und weniger befreundete – Fürstenhäuser und Stände gedacht, um allen Betrachtern in leicht fasslicher Form die edle Abkunft und unermessliche Machtfülle des Habsburgers plakativ vor Augen zu führen. Doch vor allem sind es ab 1514 die – heute stark verblassten – Randzeichnungen für das kaiserliche Gebetbuch, deren ungezügelte

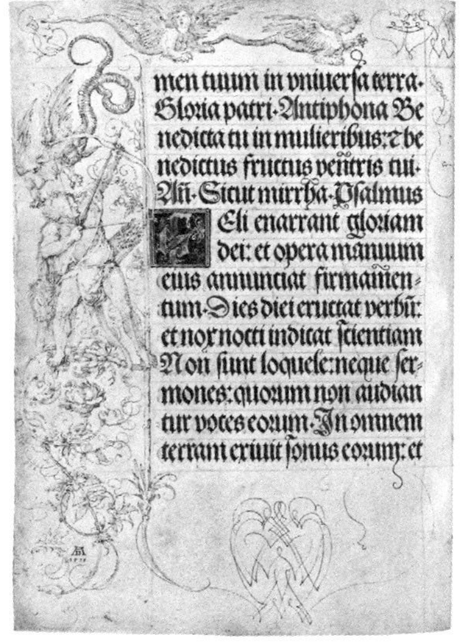
men tuum in vniuersa terra.
Gloria patri. Antiphona Be
nedicta tu in mulieribus: et be
nedictus fructus ventris tui.
Añ. Sicut mirrha. Psalmus
Celi enarrant gloriam
dei: et opera manuum
eius annunciat firmamen-
tum. Dies diei eructat verbũ:
et nox nocti indicat scientiam
Non sunt loquele: neque ser-
mones: quorum non audian
tur voces eorum. In omnem
terram exiuit sonus eorum: et

40 Albrecht Dürer, *Hercules, die Harpyen tötend*, 1515, Federzeichnung auf Pergament, aus: *Gebetbuch für Kaiser Maximilian I.*, fol. 39 v, ca. 28 × 19,5 cm, München, Bayerische Staatsbibliothek, Sign. L. impr. membr. 64

Fantastik und spielerische Erfindungskraft der damaligen Elite der deutschen Zeichner ein reiches Betätigungsfeld boten. Unter Leitung des bedeutenden Augsburger Humanisten Konrad Peutinger, mit dem Dürer befreundet war, kamen dabei auch Hans Burgkmair, Albrecht Altdorfer, Hans Baldung Grien oder Lucas Cranach d.Ä. zum Zuge. Dürer war hier mit 50 Seiten der Hauptanteil von über einem Drittel zugefallen, und Blättern wie jenem mit *Hercules, die Harpyen tötend* (Abb. 40) sieht man an, welche künstlerische Freiheit er dabei genoss: Das schmale Format der Randleiste bedingt die steil nach oben zielende Körperhaltung des Heros, die sich auf die in violetter Tinte flüchtig hingeworfenen Untiere der oberen Bordüre richtet, deren eine sich gerade auf Hercules stürzt. Doch die kraftvolle Anspannung all seiner Muskeln steht im Widerspruch zu dem luftigen Gerank, auf dem seine Füße stehen und das ganz unten das Dürer-Monogramm und die Jahrzahl 1515 aufnimmt. Der Rest der Seite wird spielerisch von eleganten, kompliziert verschlungenen Schreibmeisterschnörkeln eingenommen – und nichts davon hat auch nur das Geringste mit dem auf Pergament gedruckten Gebetstext zu tun. Dürer, der Meister des Tiefsinns, hat sich hier mit sichtlicher Freude einfach dem Sog der spätmittelalterlichen Drôlerie überlassen und sie mühelos mit der italienischen Grotesken-Mode angereichert. Immerhin aber konnte er davon ausgehen, dass der Kaiser Gefallen an dem Hercules-Motiv finden würde, da er den Halbgott zuvor in die Reihe seiner Vorfahren hatte aufnehmen lassen.

Es war Dürers Freund Stabius, der sein enges Verhältnis zu Maximilian nutzte, um sich für einen jährlichen Ehrensold für dessen Tätigkeit aktiv einzusetzen. Am 6. September 1515 war es so weit, und nachdem seine Majestät

> […] angesehen und betrachtet haben die kunst, schickhligkeit und vernunfft, damit unser und deß reichs lieber getreuer Albrecht Türer vor uns berümbt wirdet, auch die an[ge]nehmen, getreuen und nuczlichen dienst, so er uns und dem heyligen reich, auch unser selbs person in mannigfaltig weiß offt williglichen gethan hat, noch täglichen thuet und hinfür wol thun mag und soll […],

erhielt der Künstler fortan eine jährliche Leibrente von 100 Rheinischen Gulden – ein Betrag, von dem man damals ein Jahr lang auskömmlich leben konnte. So war Dürer mit einem Schlag ein wohlhabender Mann geworden, der es nicht mehr nötig hatte, außer den kaiserlichen noch irgendwelche anderen Aufträge anzunehmen. Zugleich konnte er sich damit endlich den theoretischen Seiten seines Schaffens eingehender zuwenden – ohne Zweifel eine große, glückliche Lebenswende. Für einen deutschen Künstler dieser Zeit völlig singulär, war er nun einerseits für den höchsten Repräsentanten des Reiches tätig und reflektierte damit den Glanz der kaiserlichen Majestät. Andererseits aber behielt er seine freiberufliche Ungebundenheit ohne den Zwang, dem Herrscher in seine ständig wechselnden Residenzen zu folgen und nebenbei etwa Wappenschilde zu bemalen, Stammbäume zu illuminieren oder Fahnenstangen zu vergolden, wie dies für so manchen regulären Hofkünstler bezeugt ist. Damit hatte der Nürnberger Handwerkersohn, der kaum Lateinkenntnisse besaß, auch jene Heerschar von akademisch gebildeten

Humanisten, Poeten und Gelehrten weit hinter sich gelassen, die sich mit ihren Maximilian gewidmeten Dichtungen und Traktaten zeitlebens vergeblich um eine auskömmliche Hofstellung beworben hatten. Wohl auch in seiner Selbstwahrnehmung war Dürer so zum lebenden Beweis dafür geworden, dass ein Künstler unter einem weisen und verständigen Herrscher seinen angestammten Handwerkerstand hinter sich lassen konnte – die Vision des Celtis, dass der neue Alexander auch einen würdigen Wiedergänger des Apelles an seiner Seite haben müsse, war – sieben Jahre nach dem Tod des Humanisten – Wirklichkeit geworden.

So war der Habsburger, dem man im 19. Jahrhundert den wirkmächtigen Beinamen eines «letzten Ritters» verpasst hat, in vielen Dingen eher fortschrittlich gesinnt, wie nicht zuletzt die Förderung des Humanismus und Albrecht Dürers zeigt. Selbst dort, wo er dezidiert mittelalterliche Traditionen reaktiviert, geschieht dies zu dem ganz praktischen Zweck, das Ansehen seiner Person und des Herrscherhauses zu erhöhen. Zu diesen Traditionen gehörte am 1477 untergegangenen burgundischen Herzogshof nicht zuletzt das Rittertum in seiner letzten und glanzvollsten Ausprägung. Maximilian aber war es, der ihm durch die Systematisierung der Turnierarten und ihrer Bewaffnungen, durch das Narrativ vom großen, finalen Türkenkampf, aber auch durch militärische und waffentechnische Reformen eine neue Blüte beschert hat, die noch bis in das 17. Jahrhundert fortdauern sollte. So ließe sich trefflich darüber streiten, ob der Kaiser als «Spät-Phänomen» einer Epoche angesehen und damit zum Sinnbild ihres Endes stilisiert werden muss.

Die Fülle der deutschen und lateinischen Klageschriften auf den Tod Maximilians hatte 1519 natürlich vor allem den Zweck, ihre Verfasser bei seinem Nachfolger Karl V. in Gnade zu setzen. Aber es ist auch kaum von der Hand zu weisen, dass die 1486 in seinen Regierungsantritt gesetzten Hoffnungen auf ein neues Goldenes Zeitalter eine schwere Zäsur erfuhren – so manche Trauerbekundung unter den Schülern und Nachfolgern des Konrad Celtis war also wohl aufrichtig gemeint.

7. In Bildern denken: Melencolia

Eine bedrohlich düstere Landschaft, ein mild durchsonntes Interieur und eine rätselhafte Traumvision von beunruhigender Ambivalenz – die drei einsamen Gipfelleistungen der Gattung Kupferstich bieten eine solche Bandbreite unterschiedlichster Motive und Gegenstände, ihrer materiellen Beschaffenheit, räumlichen Verortung und technischen Durchführung, dass ihre kunsthistorische Gruppierung als die «Drei Meisterstiche» beinahe schon unausweichlich erscheint. Auch ihre sich vermutlich immer wieder überschneidende Entstehung in den Jahren 1513/14 legt eine gemeinsame Betrachtung nahe. Doch vor allem verdichtet sich in ihnen eine künstlerische Errungenschaft, die aus heutiger Sicht als so selbstverständlich erscheint, dass sie kaum je erwähnt wird: das bewusste Ringen um eine individuelle, unmittelbar packende «Atmosphäre» der jeweiligen Szenerie, emotionale Werte also, die nicht einfach nur aus der Bildhandlung, der Gestik oder Mimik hervorgehen. Hinsichtlich ihrer Deutung jedoch verläuft eine merkliche Trennungslinie zwischen den annähernd gleich großen *Reiter* (Abb. 41) und *Hieronymus im Gehäus* (Abb. 42) einerseits und der *Melencolia* (Abb. 43) andererseits – sie stellt schlicht eine Klasse für sich dar.

Das früheste Blatt, oft irreführend als «Ritter, Tod und Teufel» bezeichnet, wirkt 1513 fast wie ein in Kupfer gestochenes Relief, so dicht sind die dunkeltonigen Linien und Schraffuren gegeneinander gesetzt. Vor dem leeren Himmel steht ein stachliger Dornenast als böse Parodie einer Helmzier über dem Reiter und verdichtet das Kalte und Unwirtliche der Szenerie emblematisch. Da reitet kein edler Ritter zu seiner nächsten Heldentat, sondern gewissermaßen sein Gegenteil: ein berittener Söldner in einem veralteten Harnisch, der aus Not oder Gewissenlosigkeit das Waffenhandwerk, ganz gleich zu welchem Zweck, zu seinem Beruf gemacht hat. Tod und Teufel sind also seine täglichen

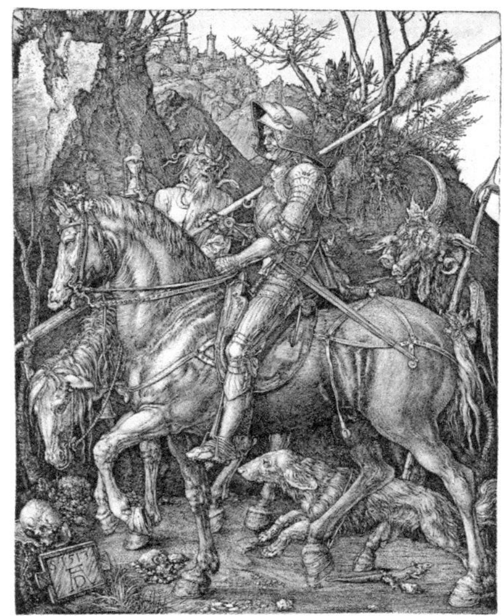

41 Albrecht Dürer, *Reiter*, 1513, Kupferstich, 24,4 × 18,8 cm, Kunstsammlungen der Stadt Nürnberg, Inv.-Nr. Gr. A. 12855 (Slg. Diehl)

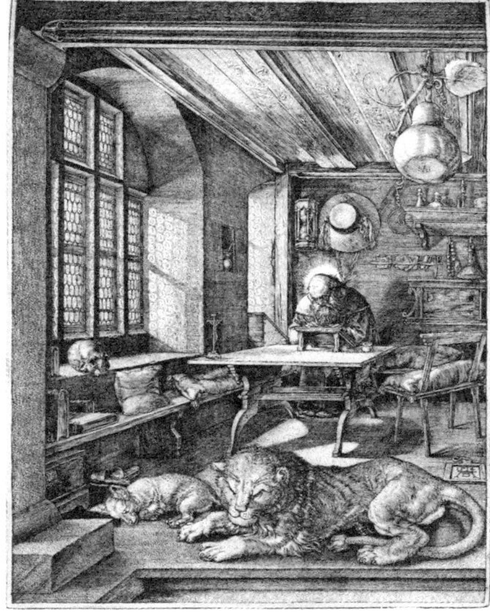

42 Albrecht Dürer, *Hieronymus im Gehäuse*, 1514, Kupferstich, 24,9 × 18,9 cm, Kunstsammlungen der Stadt Nürnberg, Inv.-Nr. Gr. A. 12839 (Slg. Diehl)

Begleiter, und ersterer mahnt ihn besorgt zur Umkehr – offenbar vergeblich, wie der unbeirrte Blick des Kriegers und die durchlaufende Sanduhr zeigen. Der Teufel hingegen schleicht listig hinterdrein, was wohl im theologischen Sinne wörtlich genommen werden will: Der Reiter hat ihn und die ewige Verdammnis, die er verkörpert, schlichtweg nicht im Blick. Neben dem Panzer des Reiters war die anatomisch und stofflich perfekte Schilderung eines schreitenden Pferdes erkennbar künstlerisches Hauptanliegen Dürers und setzt eine Reihe intensiver Naturstudien voraus. Doch ist Dürers Monogramm seinem Lauf im Wege, und schon der nächste Hufschlag kann es fortstoßen oder zerbrechen. Als realer Bildgegenstand aufgefasst und unmittelbar vor dem Totenschädel abgelegt, bezieht es den Künstler auch als Person mit ein: eine unsichere Existenz, die sich der unaufhaltsamen Annäherung von Tod und Teufel nicht entziehen kann. Mithin spricht eigentlich alles eine klare Sprache, so dass weitergehende Interpretationen selten stichhaltig erscheinen.

Ähnliches gilt auch für den *Hieronymus* von 1514, denn was die beiden Kupferstiche geradezu leitmotivisch eng miteinander verbindet, sind Totelschädel und Stundenglas. Innerhalb der Deutungssphäre des Memento mori stellen sie die beiden denkbar extremsten Gegensätze dar: hier der gewissenlose Glücksritter, dem nicht mehr viel Zeit bleibt, um der fast sicheren Verdammnis doch noch zu entgehen; dort der ehrwürdige Greis, der sich zur frommen Betrachtung der letzten Dinge zurückgezogen hat und in gefasster Erwartung des baldigen Todes nur noch brieflich mit der Außenwelt verkehrt. Auch die Atmosphäre dieser Szenerie voll durchsonnter, saturierter, wohlgeordneter Behaglichkeit könnte gegensätzlicher nicht gedacht werden. War Hieronymus schon als Humanistenheiliger par excellence Vorbild aller Gebildeten, so fordert er nun, umgeben von seinen klassischen Attributen, auch im Angesicht des Todes zu frommer Nachfolge auf. Einzig der riesige herabhängende Kürbis gibt hier zunächst Rätsel auf, muss aber für den zeitgenössischen Betrachter in zweifacher Hinsicht Signalwirkung gehabt haben. Denn zum einen verweist er auf ein philologisches Übersetzungsproblem, das Hieronymus während der Bibelübertragung untergekommen und über das er mit dem hl. Augstinus in Streit geraten war; zum anderen war ein Jahr zuvor die «Verkürbissung des vergöttlichten Claudius» (*Apocolocyntosis Divi Claudii*) erstmals gedruckt worden, die Lucius Annaeus Seneca im Jahre 54 n. Chr. als giftige Satire auf den Tod dieses Kaisers verfasst hatte. Wie schon bei Dürers Holzschnitt *Ercules* von 1496 (Abb. 8), der ja ebenfalls einen neu herausgegebenen Seneca-Text zur Grundlage gehabt hatte, bietet Dürer auch hier für den Kenner einen Verweis auf den bedeutenden antiken Stoiker, für den nicht zuletzt der hl. Hieronymus selbst eine ausgesprochene Vorliebe hatte. Was also der zunächst so banal wirkende Kürbis noch einmal auf den Punkt bringt, ist eines der wichtigsten Anliegen des Humanismus überhaupt: die schon mehrfach betonte harmonische Verbindung von christlicher Frömmigkeit mit klassisch-antiker Bildung. Dies ist ohne Zweifel geistreich und dürfte auf Anregungen des Seneca-Freundes Pirckheimer zurückgehen. Doch wie schon beim *Reiter* bleibt damit auch hier für vertrackten Tiefsinn bei der Interpretation nur ein enger Rahmen – auch wenn das in der unmittelbaren Nachbarschaft des berühmtesten dieser drei Kupferstiche zunächst schwer vorstellbar erscheint.

Denn die *Melencolia I* von 1514 (Abb. 43) ist in der Kunstgeschichte etwas so Einzigartiges, dass sie weder Vorläufer noch Nachfolger im eigentlichen Sinne hat. Kein Werk der deutschen, niederländischen oder italienischen Kunst bereitet dieses faszinierende, merkwürdige und verstörende Blatt vor, und niemand nahm den Faden künstlerisch ernsthaft auf oder spann ihn gar fort. Lediglich im Schaffen Dürers selbst gibt es anscheinend Vorstufen: so die beiden programmatischen Drucke *Nemesis* (Abb. 22) und *Philosophia* (Abb. 24), aber auch Kunstwerke ganz anderer Natur. Erinnert sei hier an die *Tarocchi* von etwa 1494 (Abb. 11, vgl. Kap. 2), geschaffen nach 50 Kupferstichen im Spielkartenformat. Bei den fünf Zehnergruppen handelt es sich um eine Art stilisiertes Schöpfungsmodell in Gestalt von Personifikationen und Allegorien, mit denen die großen Begriffe des Lebens und Denkens vor Augen geführt werden sollten. Nach dem Zufallsprinzip ausgelegt wie ein Kartenspiel, ergeben sie

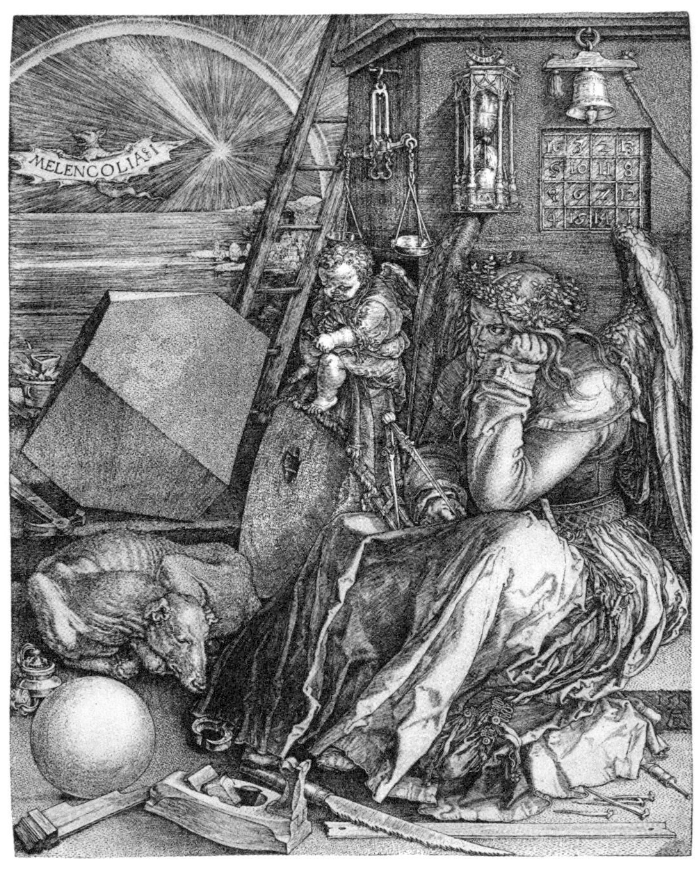

43 Albrecht Dürer, *Melencolia I*, 1514,
Kupferstich, 23,7 × 18,7 cm, Kunstsammlungen der Stadt Nürnberg,
Inv.-Nr. Gr. A. 12856 (Slg. Diehl)

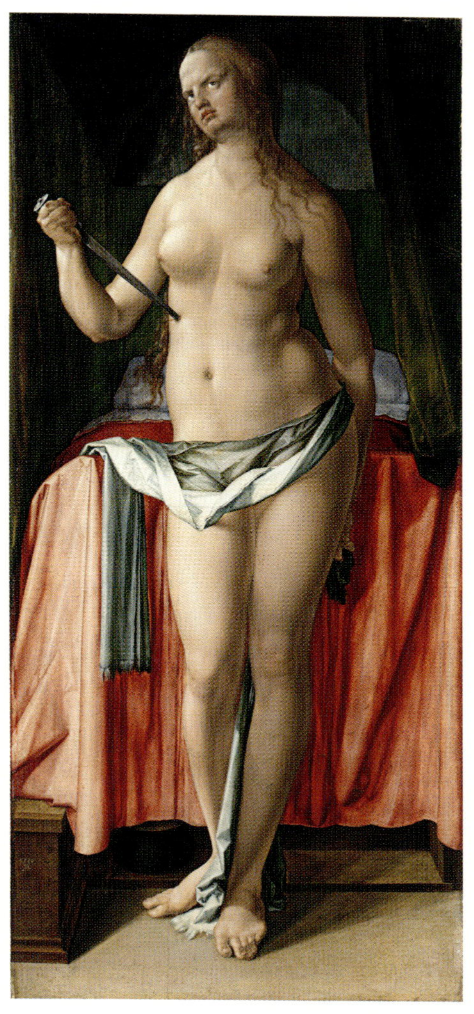

44 Albrecht Dürer, *Selbstmord der Lucretia*, 1518, Öl auf Holz, 168 × 74,8 cm, München, Bayerische Staatsgemäldesammlungen, Inv.-Nr. 705

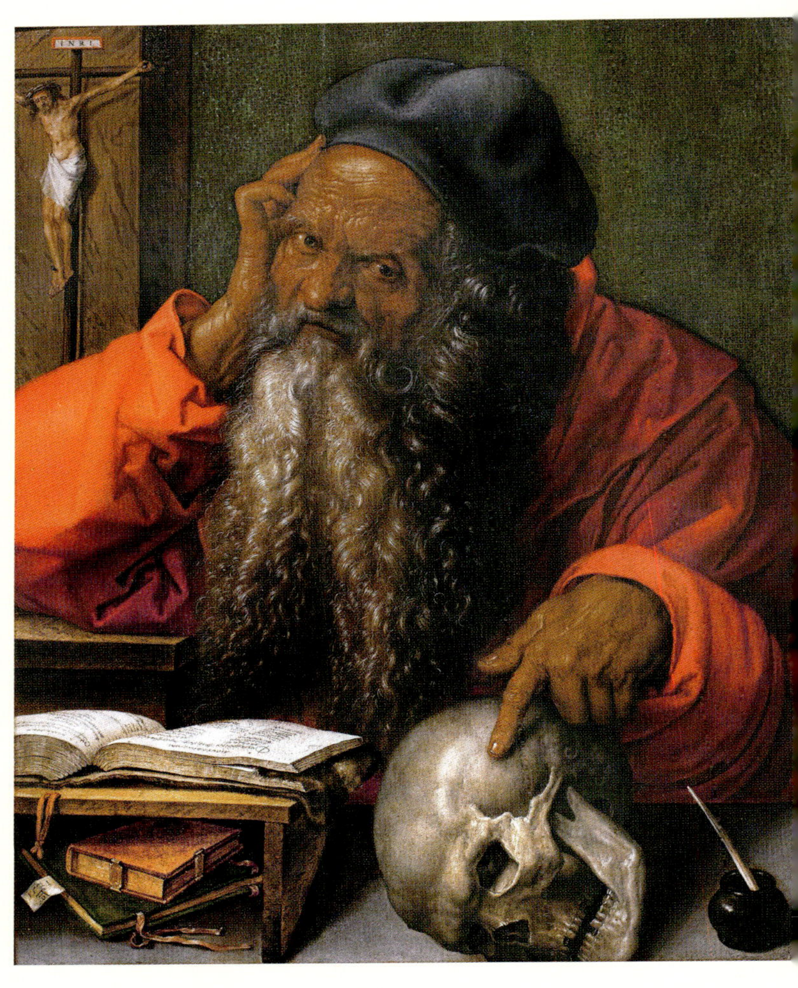

45 Albrecht Dürer, *Der hl. Hieronymus*, 1521,
Öl auf Holz, 49,5 × 48,5 cm, Lissabon, Museu Nacional de Arte Antiga,
Inv.-Nr. 828

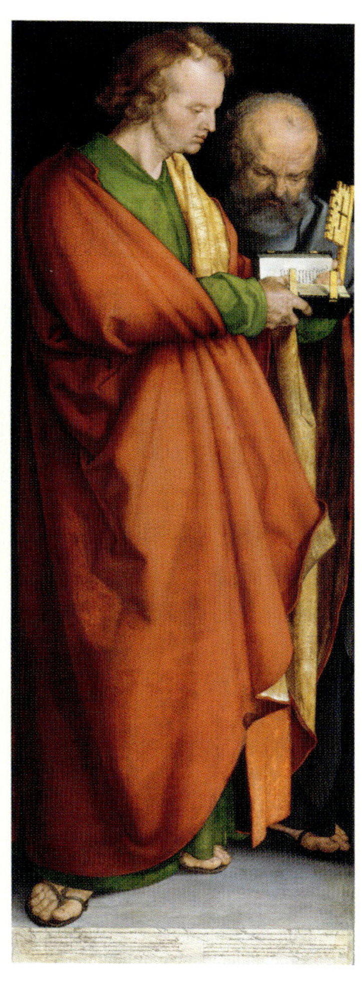
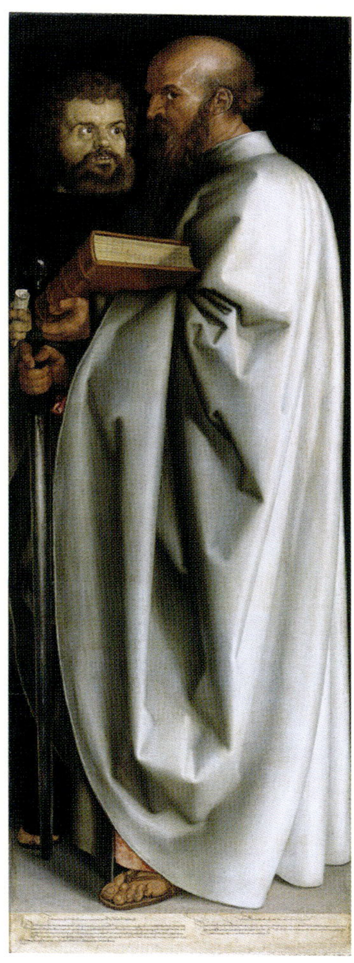

46 Albrecht Dürer, *Die vier Apostel*, 1526, Öl auf Holz, 215,5 × 76/214,5 × 76 cm, München, Bayerische Staatsgemäldesammlungen, Inv.-Nr. 545/540

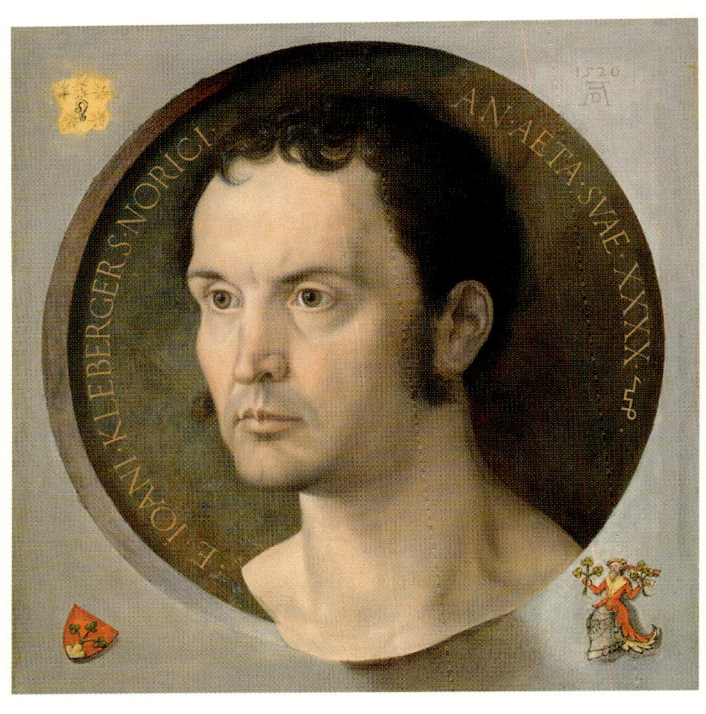

47 Albrecht Dürer, *Bildnis des Johannes Kleeberger*, 1526, Öl auf Holz, 36,7 × 36,6 cm, Wien, Kunsthistorisches Museum, Inv.-Nr. 850

ein Tableau von unendlichen Möglichkeiten, wie diese Allegorien zueinander in Beziehung treten können und dabei auch in ihrer Bildaussage ständig changieren. Kaum weniger faszinierend dürfte an diesem geheimnisvollen Ordnungssystem für Dürer gewesen sein, dass bei dieser Bedeutungszuweisung die Bildsymbole allein und ohne jeden begleitenden Text maßgeblich waren.

Auf diese Weise sind die *Tarocchi* noch mit einem anderen kaiserlichen Projekt verwandt, an dem Dürer gleichzeitig mit den Vorarbeiten zur *Melencolia* saß. Im Auftrag Maximilians erstellten Pirckheimer und Dürer von 1512 bis 1514 eine illustrierte Ausgabe der Schrift *Hieroglyphica* eines gewissen Horus Apollo «vom Nil» (*Niliacus*). Hier muss der Humanist für seinen Freund nun tatsächlich als Simultan-Übersetzer tätig gewesen sein, denn der Auftrag Maximilians an den bedeutendsten Gräzisten seines Reiches bestand darin, den – aus heutiger Sicht reichlich obskuren – griechischen Text ins Lateinische zu übertragen. Sein 1419 in Italien aufgetauchter Inhalt galt damals als Sensation, denn der Verfasser hatte gegen Ende des 5. Jahrhunderts vorgegeben, eine Erläuterung der altägyptischen Hieroglyphen geben zu können (was in Wahrheit erst 1822 gelingen sollte). Zu Beginn des 16. Jahrhunderts hatte dies auch in Deutschland einen Nerv der Zeit getroffen, weil man der festen Überzeugung war, dass die Priesterkaste der Ägypter die Philosophie erfunden hätte und die archaische Bilderschrift jene Geheimsprache bildete, die sie dabei verwendet haben sollten. Die *Hieroglyphica* aber waren nun völlig bildlos, und so wurde es Dürers Aufgabe, jede dieser «Hieroglyphen» gleichsam neu zu erfinden. Im Laufe von zwei Jahren schuf er 189 aquarellierte Federzeichnungen, die sich bis auf wenige Ausnahmen nur in frühen Kopien erhalten haben. Aber damit nicht genug, stellte er dem Bändchen gemeinsam mit Pirckheimer auch gleich ein Beispiel für die Anwendung dieser vermeintlich uralten Bildersprache als *Titelblatt* voran. Sein Gegenstand war der Kaiser selbst (Abb. 48): Das höchste Herrscherlob, gewöhnlich Gegenstand langer lateinischer Inschriften, wird hier ausschließlich in Symbolen aus der Tier- und Menschenwelt zum Ausdruck gebracht, für die sich in den schriftlichen Hinterlassen-

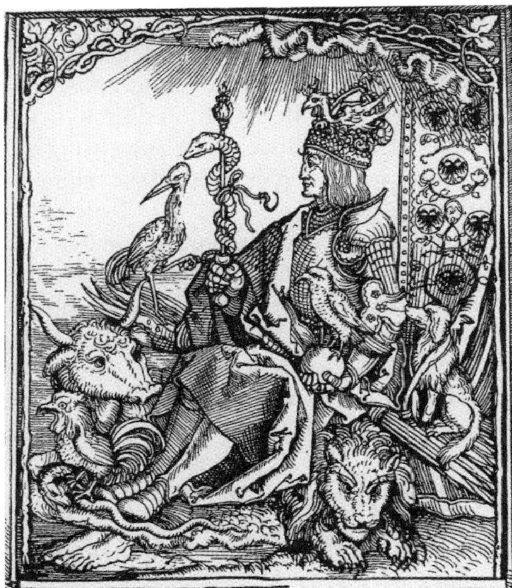

48 Albrecht Dürer, *Misterium*, 1517/18, aus dem Mittelgiebel der *Ehrenpforte* (vgl. Abb. 38), Holzschnitt

schaften Pirckheimers sogar eine wörtliche Übersetzung gefunden hat. Doch der Kaiser hat allenfalls flüchtig in dem Manuskript geblättert und es dann liegen lassen; es wurde niemals gedruckt. Das ist aus heutiger Sicht verständlich – denn man hätte es besser wissen können: In der Bayerischen Staatsbibliothek wird bis heute Dürers eigenes Exemplar von Francesco Colonnas «Traum-Liebeskampf des Polyphilus» (*Hypnerotomachia Poliphili*) aufbewahrt, dem kryptischen Hauptwerk der venezianischen Buchillustration. Darin befinden sich Holzschnitte von teils echten, teils erfundenen Hieroglyphen, die den ägyptischen Originalen weitaus näher kommen als Dürers Neuschöpfungen. Zudem sind die Erläuterungen, die Horus Apollo in seiner Handschrift bietet, von einer solchen Schlichtheit, dass man dahinter kaum ernsthaft geheimes philosophisches Weltwissen vermuten konnte. Dennoch sind die Nachwirkungen dieses merkwürdigen, verlorenen Manuskripts bedeutend: Zunächst wurde Dürers Titelblatt als Holzschnitt gedruckt und in die Bekrönung des

Mitteltums der *Ehrenpforte* (Abb. 38) versetzt, so dass sich in diesem *Misterium* der Ruhm des Herrschers noch einmal in konzentrierter Form offenbart. Doch wichtiger noch sind die Verbindungen, die zu Dürers einsamem Hauptwerk, der *Melencolia I* von 1514, bestehen.

Schon bei der Beschreibung der dicht gedrängten Komposition stößt man unweigerlich auf das Problem, all die minutiös wiedergegebenen Gegenstände, von der die mächtige, geflügelte Allegorie und der schreibende Putto auf dem Mühlstein umgeben sind, korrekt zu benennen und ihrer damaligen Bedeutung entsprechend in eine Ordnung zu bringen. Noch nicht einmal die banale Frage, ob es nun Tag oder Nacht ist, kann mit Sicherheit entschieden werden, weil es ja neben der Kometenerscheinung am Himmel noch eine weitere, strahlend helle und dem Betrachter unsichtbare Lichtquelle im Vordergrund geben muss. Sodann ist man mit der befremdlichen Tatsache konfrontiert, dass die meisten Bildphänomene überhaupt nicht Dürers angestammtem Gebiet der Bildenden Künste, sondern dem technisch-naturwissenschaftlichen Bereich entstammen. Auch Philosophisches wird nirgendwo direkt zum Ausdruck gebracht. Alles deutet darauf hin, dass das Werk bereits bei den Zeitgenossen weitestgehend unverstanden blieb, denn keiner ihrer Traktate oder gelehrten Briefwechsel erwähnt es auch nur mit einer Silbe – noch nicht einmal Dürer selbst in seinem umfangreichen Nachlass, in dem sich keine wirklich erhellenden Vorstudien erhalten haben. Dies hat den Reiz der Auseinandersetzung aber eher erhöht als vermindert, und zu den zahllosen Interpretationsansätzen kommen beinahe im Jahrestakt neue hinzu. Die meisten gehen von einem bestimmten Gegenstand in der Komposition oder von einer individuellen Beobachtung aus, die als Verständnisschlüssel dienen könnten, was mal besser, mal weniger gut gelingt. Doch auch den umfangreichsten Abhandlungen ist es bisher nicht geglückt, eine allumfassende und widerspruchsfreie Gesamtdeutung von einem der Hauptwerke der europäischen Kunstgeschichte zu bieten. Ebenso wenig hat es sich als hilfreich erwiesen, den *Reiter* oder den *Hl. Hieronymus* erklärend heranzuziehen oder ihnen gar ein gemeinsames «Programm» zu unterlegen. Und so lautet die unausweichliche Frage, ob eine Lösung dieses ewigen Rätsels überhaupt möglich und im Sinne des Urhebers wäre.

Denkt man an die beiden Bildsysteme der *Tarocchi* und der *Hieroglyphica* zurück, dann scheinen auch sie Indizien dafür zu sein, dass beides wohl eher nicht der Fall ist. Denn hier wie dort können die Bilder in jede beliebige Beziehung zueinander treten und erschaffen auf diese Weise ständig neue Aussagen. Hinzu kommt eine im Grunde banale Überlegung, deren Tragweite jedoch nicht unterschätzt werden sollte. Denn Dürer hatte es bei seinen Käufern und Sammlern ja vielfach mit Menschen zu tun, die Lateinschulen und ein Studium, oft im italienischen oder französischen Ausland und unter Einschluss der humanistischen Fächer absolviert hatten. Anders als er selbst verfügten sie also über direkte Zugänge zur philosophischen und wissenschaftlichen Literatur von Antike und Gegenwart und traten an das Kunstwerk mit einem ganz anderen Wissenshorizont heran, als ihn sein Schöpfer jemals hätte besitzen können. Nach heutigen Begriffen hat Dürer mit der *Melencolia* also eine Art Lebenstragödie künstlerisch aufgearbeitet und auf diese Weise ein Werk von nahezu atemberaubender Modernität geschaffen. So stellt das Blatt gewissermaßen die Quersumme aller seiner humanistischen «Denkbilder» dar. Denn sie sind wohl als der Versuch anzusehen, über die Sprache der Kunst mit dem Betrachter in einen geistigen Austausch zu treten, auch indem sie konkrete Themen aus Literatur und Wissenschaft aufgriffen und paraphrasierten. Doch auch davon hat sich die *Melencolia* gelöst: All die Figuren und Gegenstände auf dem Blatt bieten ein breites Tableau an Zugangsmöglichkeiten, die nun jeder Betrachter nach eigenem Wissen und Vermögen wählen und zueinander in Beziehung setzen kann. Damit aber hat sich die Deutbarkeit des Kupferstichs im Augenblick seiner Veröffentlichung jeglicher Kontrolle durch seinen Schöpfer entzogen, und lange vor Abstraktion und Surrealismus ist hier offenbar das erste sinnoffene Kunstwerk entstanden. Dies wiederum bedeutet, dass buchstäblich jede Interpretation zulässig ist und die Billigung Dürers finden würde – der Weg ist das Ziel, könnte man vereinfachend sagen. So mochte Dürer Befriedigung in dem Gedanken finden, dass die *Melencolia* dem denkenden Menschen auf unabsehbare Zeit Anregung bieten würde, so dass auch die Memoria des Künstlers auf diese Weise gewahrt bliebe. Zugleich ist daran zu erinnern, dass die medizinisch-philosophische Einschätzung der Melancholie als einem der vier Grundmuster für die körperliche und geistige Veranlagung eines Menschen in Dürers Umfeld soeben einen nachhaltigen Wandel durchlaufen hatte: War nach mittelalterlicher Vorstellung schwermütige Grübelei als *Acedia* (Trägheit, Untätigkeit) noch eine Todsünde, so wurde sie nun als die unausweichliche Kehrseite hoher geistiger Begabung erkannt. Und so scheint es auch in Dürers Absicht gelegen zu haben, allen Gleichgesinnten eine bildliche Identifikationsmöglichkeit an die Hand zu geben und damit eine Art intellektueller Gemeinschaft zu stiften. Diese Rechnung dürfte aufgegangen sein, und so stellt der Kupferstich *Melencolia I* seit seiner Entstehung vor über einem halben Jahrtausend wohl eines der «lebendigsten» Kunstwerke aller Zeiten dar. Wie nach dem *Selbstbildnis im Pelzrock* (Abb. 25), dem kein weiteres Gemälde dieser Art mehr folgte, so endet mit der *Melencolia* auch die Reihe von Dürers Denkbildern – in beiden Fällen kann man sich des Eindrucks nicht erwehren, dass der Künstler selbst gemerkt haben dürfte, dass hier sogar für ihn eine Steigerung nicht mehr denkbar war.

Dem steht beinahe kontrastierend die Fülle seiner Marienbilder gegenüber, die in sämtlichen künstlerischen Techniken, die Dürer zu Gebote standen, sein Schaffen wie ein breiter, ruhiger Strom durchzieht. Selbst wenn man die lateinischen Verse des *Marienlebens* (Abb. 29, 32) in Betracht zieht, ist bei diesem Thema die Bandbreite möglicher Deutungsalternativen gering. Bemerkenswert ist aber die Freiheit, mit der Dürer die unterschiedlichen Typen der Mariendarstellungen variiert und kombiniert, wie vor allem der – vielleicht letzte – Kupferstich aus diesem Themenkreis zeigt, die mädchenhafte *Jungfrau, von zwei Engeln gekrönt* von 1520. Fest auf den Betrachter hat sie den leidend wirkenden Blick gerichtet, der seinen Anlass aus dem Granatapfel bezieht, den sie dem Christusknaben buchstäblich zu Füßen legt. Mit seinem «blutroten» Innenleben steht er seit jeher für die bevorstehende Passion des Erlösers. Doch auch andere populäre Motive der Mariendarstellung spielen herein: Der Stirnreif aus Blüten erinnert an das Rosenkranz-Gebet, das Hauptmotiv des Altars in der venezianischen Bartholomäus-Kirche (Abb. 35); der Zaun an den «verschlossenen Garten» als Sinnbild der Sündelosigkeit; der Griff des Kindes an den Gewandsaum über der Brust an die stillende Gottesmutter; und die schwebenden Engel schließlich sind zugleich Thron-Baldachin und Verheißung der himmlischen Krönung Mariens. So sehr diese Blätter für die private Andacht herangezogen wurden, zeigt doch nicht allein ihre Menge und die Fülle der Varianten und Selbstzitate, wie sehr diese Kunstwerke auch auf den Sammler zugeschnitten waren. 1520 aber sollte diese Bildgattung an einen Endpunkt gelangen. Es erscheint denkbar, dass hier die allgemeine Entrüstung über jene hysterische Massenwallfahrt auch für Dürer eine Rolle gespielt hat, die ein angeblich wundertätiges Marienbild im nahen Regensburg gleichsam über Nacht hervorgebracht hatte – der große Umbruch der Reformation, das äußerlich einschneidenste Ereignis in Dürers Leben, warf offenbar seine Schatten voraus.

8. Zwischen Ruhm und Reformation: die Reise in die Niederlande

Der nackte menschliche Körper war für Albrecht Dürer mit dem Kupferstich *Adam und Eva* (Abb. 30) spätestens 1504 zum zentralen Ansatzpunkt für die theoretische Durchdringung und Aufwertung der Künste geworden. Doch bei der allgemein wenig beachteten Tafel mit dem *Selbstmord der Lucretia* von 1518 in München (Abb. 44) tritt die praktische Umsetzung seiner eigenen, jahrelangen Proportionsstudien längst nicht so klar zutage, wie man dies nach all den Jahren erwarten würde. Denn obwohl es sich um eine geradezu musterhaft durchkomponierte Frauengestalt im klassischen Kontrapost handelt, ist der Kopf erkennbar zu klein für die massige Schulterpartie geraten, wie auch das in der Verkürzung leicht verzogene Gesicht in einem Missverhältnis zum nachträglich vergrößerten Kopfumfang steht. Die Tafel schildert den heroischen Tod der tugendhaften römischen Königstochter Lucretia, die sich lieber erdolchte, als mit der Schande einer Vergewaltigung weiterzuleben. Das Tragische der Situation reduziert sich auf den himmelwärts gerichteten Blick und die allenfalls maßvoll erschüttert wirkende Mimik. Damit stellte Dürer die Wahrung der strengen statuarischen Geschlossenheit allem anderen voran und hatte – wie seinerzeit bei der *Glimschen Beweinung* (Abb. 27) – offenbar so etwas wie eine gemalte antike Skulptur im Sinn. Dieser ewige Wettstreit darum, welche der beiden Schwesterkünste ihren Gegenstand natürlicher wiedergeben könne, war seit dem 15. Jahrhundert ein großes Thema im italienischen Theoriediskurs, zu dem Dürer hier – natürlich zugunsten der Malerei – vermutlich Stellung beziehen will. Ein allzu grausam geführter Dolchstoß wäre dafür ebenso unpassend wie Ströme von Blut gewesen. Das Ambiente des Schlafzimmers, bei dem sogar das Nachtgeschirr nicht fehlt, geht aus der Überlieferung nicht zwingend hervor, rechtfertigt aber bis zu einem gewissen Grade die Nacktheit der Lucretia, von der in der römischen Historie ebenfalls keine Rede ist. Die erste Erwähnung des Gemäldes in der herzoglich-bayerischen Kammergalerie nennt 1598 weder Auftraggeber noch frühere Eigentümer. Doch legt das nur wenig unterlebensgroße Format eine repräsentative Absicht nahe, und die Gruppe der «Neun Heldinnen», zu der Lucretia traditionell zählt, findet sich vor allem in den gängigen Bildprogrammen von Rathäusern. Nachdem man in Nürnbergs ewiger Konkurrentin Augsburg bereits 1515 mit einer Neuausmalung des Magistratsgebäudes begonnen hatte, wäre die kostbare Tafel als bildliches Angebot Dürers an den Rat seiner Heimatstadt in Erwägung zu ziehen.

Doch rang man sich in Nürnberg erst 1520 dazu durch, mit großflächigen Wandmalereien innen und außen ein einheitlicheres Erscheinungsbild des damals noch recht verschachtelten Gebäudekomplexes in Angriff zu nehmen – dies aber immerhin

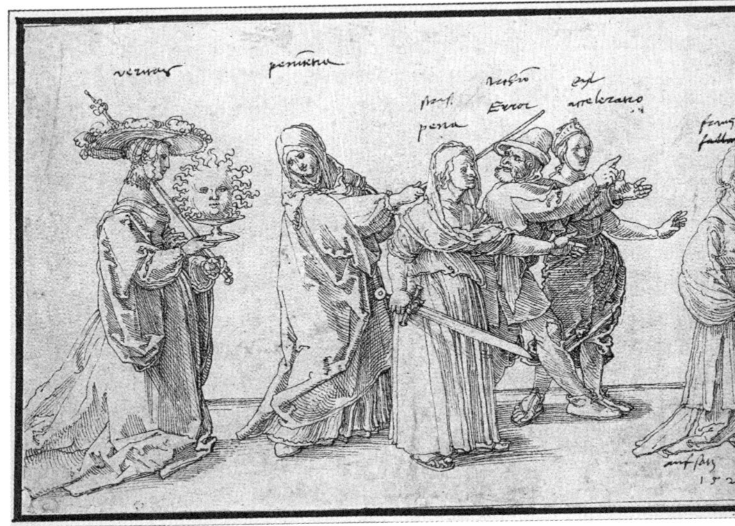

nach Konzepten Pirckheimers und Entwürfen Dürers. Diese Ausmalung des Rathauses (Abb. 49) war vor allem im Sinne seiner eigenen Memoria Dürers wohl größter Coup: Im vornehmsten Repräsentationsraum des Staates, dem mächtigen Großen Saal gegenüber dem Chor der Sebalduskirche, kamen an der Nordwand zwei lebensgroße Wandgemälde nach Dürers Vorzeichnungen zur Ausführung. Das eine zeigte bis zur Kriegszerstörung 1945 die *Verleumdung des Apelles*, eine figurenreiche Allegorie auf den vergeblichen Versuch, den berühmtesten Maler der Antike bei seinem Dienstherrn Alexander dem Großen in Misskredit zu bringen. Doch war es neben der Handlung vermutlich auch die Form ihrer Überlieferung, die für Dürer das Faszinosum des Motivs ausmachte. Bei dem von Willibald Pirckheimer so geschätzten griechischen Schriftsteller Lukian von Samosate nämlich ist in einer detaillierten Bildbeschreibung das verlorene Ge-

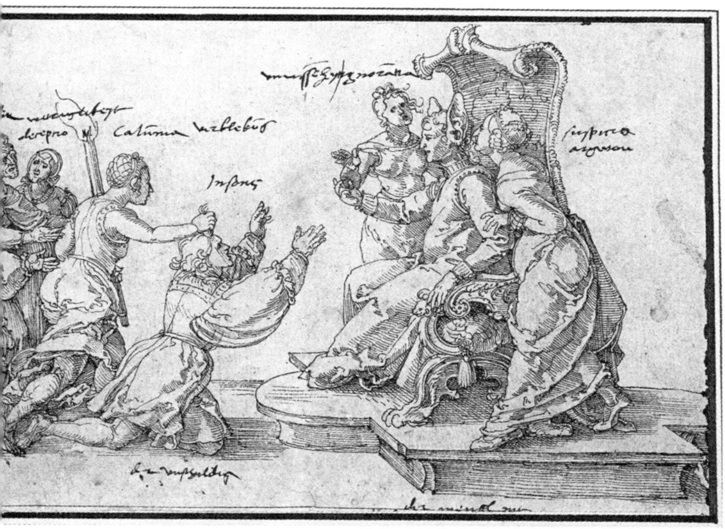

49 Albrecht Dürer, *Die Verleumdung des Apelles*, 1522, Federzeichnung, 15,2 × 43,3 cm, Wien, Albertina, Inv.-Nr. 3177 D 187

mälde festgehalten, mit dem Apelles den Schrecken der Todesgefahr verarbeitete, in die ihn die Verleumdung gebracht hatte. Damit rekonstruiert Dürer also nicht nur ein untergegangenes Kunstwerk der Antike, sondern er stellt sich auch in die Tradition eines ihrer größten Meister, der wiederum – wie er selbst bei Kaiser Maximilian – Hofkünstler beim größten Herrscher seiner Zeit war. Genau hier setzt das zweite große Wandbild an, das den Habsburger thronend auf einem von Dekor und Allegorien überladenen, sechzehnspännigen Prunkwagen zeigt, dessen Programm Pirckheimer ersonnen hatte und zu dem alsbald sogar noch eine regelrechte Begleitpublikation erschien: 1522 verließ als letztes druckgrafisches Hauptwerk Dürers der monumentale, achtteilige Holzschnitt mit ebendiesem *Triumphwagen Kaiser Maximilians* (Abb. 50) die Presse, für den der Auftrag als Abschluss des unvollendeten Holzschnitt-*Triumphzugs* ursprüng-

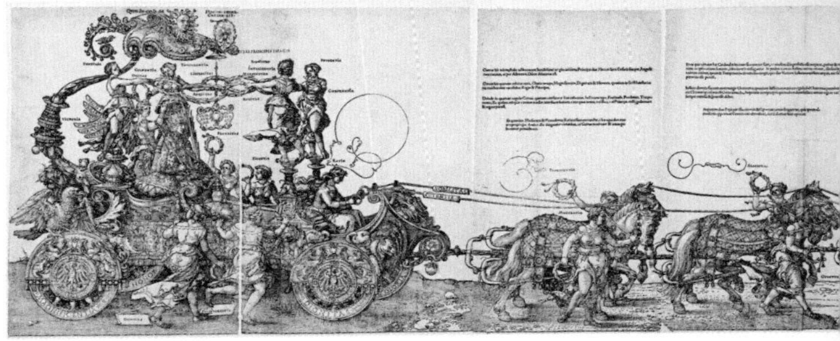

lich noch vom verstorbenen Kaiser ausgegangen war. So war es nicht nur gelungen, das brachliegende Material doch noch zu einem bemerkenswerten Kunstwerk zu formen; sondern man muss den Holzschnitt sogar als einen regelrechten Geniestreich in Sachen Memoria und Selbstvermarktung würdigen: Denn hier hat Dürer seine eigene Person mit dem Ruhm seiner Vaterstadt und ihres Rathauses, mit der *gedechtnus* des beliebten Herrschers, mit dem sagenumwobenen Apelles und nicht zuletzt mit dem intellektuellen Nimbus Willibald Pirckheimers unauflöslich und mit größter Öffentlichkeitswirksamkeit verschmolzen.

Das Erstaunlichste an diesem repräsentativen Großprojekt aber ist die Tatsache, dass Dürer während der Monate der Ausführung überhaupt nicht in Nürnberg war. Im Hochsommer 1520 nämlich war er mitsamt Frau und Magd in Richtung Nordwesten aufgebrochen und reiste über Frankfurt, Köln und Lüttich nach Antwerpen, der großen Handelsmetropole im ehemaligen Herzogtum Burgund, die an Reputation, Kultur und Finanzkraft Nürnberg oder Venedig in nichts nachstand. Äußerer Anlass dürfte der Tod Maximilians I. im Januar 1519 gewesen sein, der eine Bestätigung der so kostbaren kaiserlichen Pension durch dessen Nachfolger, Karl V., erforderlich machte. Auch die Kaiserkrönung im Oktober 1520 in Aachen, wo er

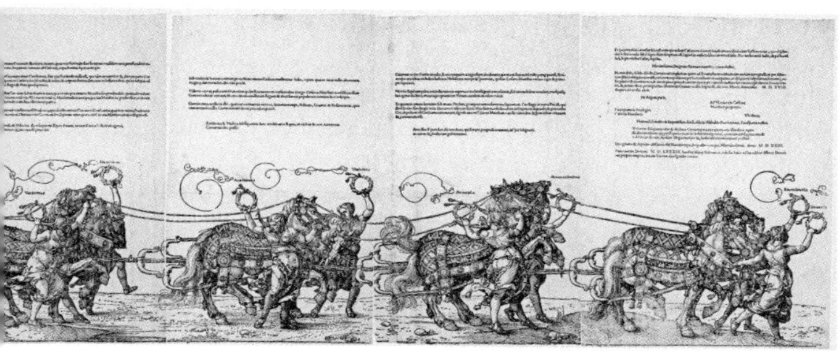

50 Albrecht Dürer/Willibald Pirckheimer, *Der große Triumphwagen*, 1518/22, Riesenholzschnitt von 8 Stöcken, 45 × 228,1 cm, Kunstsammlungen der Stadt Nürnberg, Inv.-Nr. Gr. A. 04187/1–8

sich – Frau Agnes war in Antwerpen geblieben – beinahe drei Wochen lang recht angenehm die Zeit vertrieb, mag ein Anreiz gewesen sein, ebenso wie natürlich der Absatz seiner Kunst. Und schließlich hatte Dürers Vater noch zu den Zeiten, als es dem mächtigen und glanzvollen Burgund beinahe geglückt wäre, ein neues europäisches Königreich zu werden, seine Gesellenwanderung hierher geführt, und er mochte seinem Sohn Wunderdinge darüber berichtet haben. Aber warum am Ende fast ein ganzes Jahr aus dieser Reise geworden ist, bleibt in Schweigen gehüllt – und dies, obwohl Dürer während dieser Zeit eine Art Diarium geführt hat. Es ist in zwei Abschriften erhalten und als einzigartiges Kulturdokument unter der landläufigen Bezeichnung *Tagebuch der niederländischen Reise* weit über die Grenzen des Faches Kunstgeschichte hinaus berühmt geworden.

Nicht ein Tafelbild Dürers war bis dato für einen niederländischen Auftraggeber entstanden, und doch hatten Menge, Qualität und allgemeine Verfügbarkeit seiner Druckgrafik das Wunder bewirkt, dass sein Name dort bereits allerorten bekannt war. Damit verbindet sich ein besonders interessanter kulturgeschichtlicher Aspekt dieser Reise: Denn in Antwerpen, wo Dürer sich die meiste Zeit aufhielt, konnte er einen ganz anderen Kunstbetrieb erleben als in Nürnberg oder Venedig. Hier gab es mit dem «Pand» bei der Liebfrauen-Kirche mitten im Stadtzentrum einen großen Kunstmarkt, auf dem vom Holzschnitt bis zum vollständigen Flügelaltar fertige Werke erworben werden konnten. Die Qualität, vor allem aber die Menge dieser Altäre erforderte eine rationelle Arbeitsweise, die mit einem verstärkten Bedarf an hochwertigen druckgrafischen Vorlagen einherging – vor allem eben jener Dürers. Keinem anderen Grafiker begegnet man auf den erhaltenen Christus- oder Marienszenen der Altarflügel so häufig. Nirgendwo anders als in Antwerpen also konnte Dürer seinen eigenen Holzschnitten und Kupferstichen in der malerischen Transformation so intensiv begegnen, und es ist sogar wahrscheinlich, dass er von Aachen aus einen Abstecher ins Jülicher Land machte, um gezielt die Antwerpener Altäre zu besichtigen, die dort für verschiedene Kirchen soeben geliefert worden waren – beinahe so etwas wie eine Begegnung mit sich selbst. Diesem stillen Glück stand aber auch eine äußere Ehrung gegenüber, wie sie bis dato noch keinem lebenden Künstler zuteil geworden war: Die Antwerpener Künstler, darunter berühmte Meister wie Jan Gossaert, Gerard David oder Joachim Patinir, gaben am 5. August 1520 in ihrem Gildehaus ein Festmahl für Albrecht Dürer, von dem er sich im Tagebuch spürbar berührt zeigt:

> Und am sontag [...] luden mich die mahler auff ihr Stuben mit meinem weib vnd magd, und hetten alle ding mit silber geschierr und andern köstlichen geziehr und über köstlich essen. Es waren auch ihre weiber alle da. Und do ich zu tisch geführet ward, do stund das volck auf beeden seuten, als führet man einen grosen herren. Es waren auch unter ihnen gar trefflich personen von namen, die sich all mit tieffen naigen auf das allerdemütigste gegen mir erzeugten. [...] Also do wir lang frölich bey einander waren; und spatt in die nacht, do beleuthen sie uns mitt wintlichtern gar ehrlich heim und baten mich, jch soll jhren guten willen haben und annehmen und solt machen, was jch wolt, darzu wollen sie mir al behülfflich sein.

So verwundert es auch wenig, dass das einzige Tafelbild Dürers, das er auf der Reise schuf, zu einem der meist kopierten Gemälde der älteren deutschen und niederländischen Kunstgeschichte werden konnte: der *hl. Hieronymus* (Abb. 45), Patron und Vorbild aller Humanisten. Dominiert vom leuchtenden Rot des Kardinalspurpurs, präsentiert der eng gefasste Bildausschnitt den ehrwürdigen, langbärtigen Greis emblematisch hinter einem Bücherstillleben. Über den schwermütig verhangenen Blick spricht er den Betrachter direkt an. Dabei nimmt er mit dem in die Hand gestützten Kopf demonstrativ die Haltung des Melancholikers ein (vgl. Abb. 3, 43), während seine Linke mit dem Zeigefinger beinahe schon überdeutlich auf dem Totenschädel als Ursache seiner Grübeleien ruht. Hier geht es also einmal mehr um die letzten Dinge, bei denen sich ikonografische Spitzfindigkeiten beinahe von selbst verbieten. Nur ein Detail verdient Erwähnung: Denn wie schon 1498 auf dem Apokalypse-Holzschnitt *Johannes verschlingt das Buch* (Abb. 20) ist auch hier das an der gleichen Stelle präsentierte Schreibzeug für die Bilddeutung wichtig. Demnach ist es letztlich der Gebrauch der Feder – zum Schreiben, aber eben auch zum Zeichnen –, der den Tod zu ertragen und zu überwinden hilft, indem er bleibende Werte schafft, die die Zeiten überdauern. Damit hat zugleich ein Lebensthema Dürers seinen künstlerischen Abschluss gefunden.

Schon am 12. November 1520 hatte Dürer die ersehnte Bestätigung seiner kaiserlichen Pension erhalten, und wenn dies wirklich der Hauptgrund für die weite Reise gewesen wäre, hätte er umgehend nach Nürnberg zurückkehren können. Doch nicht einmal die Neuausmalung des Rathauses scheint seine Anwesenheit erfordert zu haben, und der Handel mit Druckgrafik war ohnedies international. Er konnte es sich also offensichtlich leisten, noch weitere sieben Monate lang zeichnend und schauend die blühenden niederländischen Kunstlandschaften zu durchstreifen, reiste nach Brügge, Gent, Brüssel und Mecheln und traf bedeutende und interessante Menschen wie die habsburgische Statthalterin Margarethe von Österreich oder Erasmus von Rotterdam, die Lichtgestalt des europäischen Humanismus, den er bei dieser Gelegenheit porträtierte (Abb. 53). Doch verbrachte er die mit Abstand meiste Zeit in Antwerpen, dessen geistiges Klima damals besonders lebendig war, weil von außen allmählich eine ganz neue Form der Anregung Einlass gefunden hatte: die Reformation.

Zu Dürers Lebzeiten waren Religion und Politik so unauflöslich miteinander verflochten, dass etwa der Kaiser mit dem Akt seiner Krönung als einziger Laie Mitglied des Aachener Stiftskapitels wurde und damit geistlichen Rang besaß – nicht umsonst nannte man ja das deutsch-römische Reich «heilig». Weltliche Herrschaften waren von geistlichen Zuständigkeiten ohne Rücksicht auf Territorialgrenzen durchdrungen, und so konnte aus den Reformforderungen des Augustinermönchs und Wittenberger Theologieprofessors Martin Luther (1483–1546) jener rasante Flächenbrand werden, der in den folgenden 100 Jahren den europäischen Kontinent tief und blutig spalten sollte. Im Oktober 1518 dürfte Dürer den charismatischen Luther persönlich kennengelernt haben, als dieser auf der Durchreise zum Augsburger Reichstag war, und er bezeugt selbst, dass er dessen deutsche Schriften eifrig las und sammelte. Dabei war der Weg des Künstlers auf die Seite der Reformation gewissermaßen vorgezeichnet: Persönlich fromm und an Glaubensfragen lebhaft interessiert, war Dürer als einer der wenigen Nicht-Akademiker in die Staupitz-Gesellschaft (*sodalitas Staupiciana*) aufgenommen worden, in der diese Zeiterscheinungen angelegentlich diskutiert wurden. Benannt war sie nach Dürers Beichtvater und Mentor, dem Augustinerprior Johann von Staupitz, einem begnadeten Prediger mit engen Beziehungen nach Nürnberg. Vielen mochte die anbrechende Reformation dabei wie eine logische Konsequenz aus den geistigen Erneuerungsbestrebungen erschienen sein, und gerade in Nürnberg, seit dem 15. Jahrhundert einer der wichtigsten Vororte des deutschen Humanismus, lag dieser Schluss auf der Hand. So gab der Äußere Rat, dem Dürer seit 1509 angehörte, schon im Frühjahr 1525 die Zustimmung zur Durchführung der Reformation – als religionspolitischer Durchbruch ein europaweit frühes und wichtiges Signal. Es ist nicht überliefert, dass Dürer sich enthalten oder gar dagegen gestimmt hätte – doch schon bald begannen die Probleme: Der brutale Bauernkrieg brach aus, Kirchen und Klöster mitsamt ihren kostbaren Kunstwerken wurden geplündert und zerstört, und aus

Thüringen und der Schweiz drang die Kunde von ersten Bilderstürmen. Und in Dürers unmittelbarer Nähe weigerte sich etwa Willibald Pirckheimers Schwester Caritas, die gebildete und integre Äbtissin der Nürnberger Klarissen, der Dürer 1511 sein *Marienleben* gewidmet hatte (Abb. 32), die neuen Prediger für ihren Konvent zu akzeptieren, und sah sich alsbald Zwangsmaßnahmen des Rates ausgesetzt. Dass diese verfahrene und für den Fortgang der Reformation durchaus gefährliche Situation entschärft werden konnte, ist einem Mann zu verdanken, der für Dürers Haltung zum neuen Glauben mindestens so wichtig war wie Luther selbst: dessen Wittenberger Freund und Gefährte *Philipp Melanchthon* (1497–1560, Abb. 51). Als er 1526 nach Nürnberg kam, gab es in Dürers letzten Lebensjahren eine Konstellation, wie sie für sein frühes Schaffen schon einmal von größter Bedeutung war: Dreißig Jahre nach der Einrichtung der gescheiterten Poetenschule (vgl. Kap. 2) eröffnete im ehemaligen Egidienkloster ein neues schulisches Reformprojekt, und wie damals waren es auch hier die klügsten Köpfe der Stadt, die die Gründung durchgesetzt hatten. Man hatte sogar vergeblich gehofft, dass Melanchthon selbst der erste Rektor des humanistischen Egidiengymnasiums werden würde, um damit die konsequente Ausrichtung am neuen Glauben und seinem hohen intellektuellen Anspruch auch personell zum Ausdruck zu bringen. Doch hielt er immerhin die Eröffnungsansprache und war über mehrere Wochen hinweg im engen Austausch mit den Protagonisten. Dass er auch mit Albrecht Dürer in näheren Kontakt gekommen war, beweist vor allem das berühmte Kupferstich-Porträt Melanchthons, das der Künstler als eines seiner letzten Werke geschaffen hat. Es ist so unprätentiös wie nur möglich, und das ungeordnete Haar und die offen stehenden Kragen von Hemd und Rock unterstreichen zusammen mit dem wachen Blick die geistige Beweglichkeit des Dargestellten, dessen überragende Qualitäten sich der lateinischen Inschrift zufolge ohnedies der bildlichen Darstellung entzogen. Der Reformator scheint geduldig einem unsichtbaren Gesprächspartner zu lauschen, und man fühlt sich an die glaubhafte Überlieferung erinnert, dass sich Melanchthon und Dürer über Fragen der Abendmahlslehre ausge-

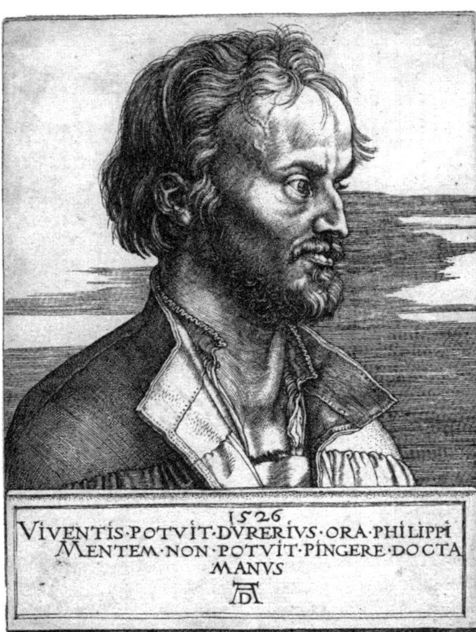

51 Albrecht Dürer, *Bildnis des Philipp Melanchthon*, 1526, Kupferstich, 17,4 × 12,9 cm, Kunstsammlungen der Stadt Nürnberg, Inv.-Nr. Gr. A. 12883 (Slg. Diehl)

tauscht hatten. Damit aber ist dieses Bildnis das einzige Werk des Künstlers, das sich wirklich auf Reformation und Protestantismus beziehen lässt, dabei jedoch einen Mann zeigt, der auch dann noch an eine Reform innerhalb der bestehenden Kirche glaubte, als Martin Luther Kardinal Albrecht von Brandenburg, bis 1523 Dürers Auftraggeber, schon längst mit seinen Schmähungen überzogen hatte.

Diese Feststellung aber ist mit Blick auf Dürers spätes Hauptwerk wichtig, weil es immer wieder als eine Art gemaltes Bekenntnis des Künstlers zur Reformation gedeutet wird: die *Vier Apostel* von 1526 (Abb. 46). Hier ist zunächst die erstaunliche Tatsache zu vermerken, dass Dürer die beiden gewaltigen Tafeln, die heute zu den Inkunabeln der Alten Pinakothek in München zählen, nicht für seine Pfarrkirche St. Sebald, sondern für das Rathaus geschaffen hatte; zudem verkaufte er sie nicht etwa, sondern schenkte sie der Stadt *zu einer gedechtnus*. Er muss Monate, wenn nicht Jahre an diesen malerisch nahezu vollkommenen Werken gesessen haben, bei denen sich die Zeitgenossen zunächst an die Schreinfiguren jener mächtigen Retabel erinnert fühlen mochten, wie sie bis heute in den Nürnberger Kirchen und der Umgebung stehen. Zudem weckt der in feinsten Weiß- und Graustufen gemalte Mantel des Paulus die Assoziation an einen kunstvoll behauenen Marmorblock. Wie 1518 bei der *Lucretia* (Abb. 44) mag also auch hier der Wettstreit mit der Skulptur einer der tragenden Bildgedanken gewesen sein. Selbst wenn die langen Inschriften auf Luthers deutsche Übersetzung des Neuen Testaments zurückgreifen, kann man weder diese noch die Tafeln selbst als dezidiert protestantisch bezeichnen – und genau damit reagieren die Tafeln eigentlich auf die Umstände ihrer bewegten Entstehungszeit. Denn ob sie in St. Sebald nicht doch noch ein Bildersturm vernichten würde, war in der Frühzeit der Reformation kaum mit Sicherheit vorherzusagen. Auf dem Rathaus waren sie also nicht nur sicherer, sondern bildeten gemeinsam mit der Ausmalung des Großen Saals (Abb. 49) einen weiteren zentralen Baustein für Dürers quasi-amtliches «Gedächtnis» bei der Nachwelt.

Die Gegenperspektive macht dies vielleicht noch einmal deutlicher, denn bei Dürers geschätztem Wittenberger Zeitgenossen Lucas Cranach d. Ä. (1472–1553), den er 1518 auf dem Augsburger Reichstag in einer Federzeichnung porträtiert hatte, lagen die Dinge bekanntlich ganz anders. Auch wenn man bei Cranach nicht vergessen darf, dass seine Werkstatt noch bis 1525 für Kardinal Albrecht von Brandenburg nicht weniger als 16 Flügelaltäre in dessen Stiftskirche in Halle schuf, etablierte er doch gleichzeitig mit seinen Werken eine regelrechte Bildertheologie, indem er seinen Freund Luther mehrere Male porträtierte und dessen Schriften illustrierte. So zeigt das Verhalten der beiden fast gleichaltrigen Künstler, welch heterogene Reaktionen der große Umbruch hervorrufen konnte: Während sich Cranach bereitwillig in den Dienst des neuen Glaubens stellte, war Dürer vorsichtig darauf bedacht, seine Kunst aus dem Parteienhader herauszuhalten – sie hatte zeitlos zu sein und über den Dingen zu stehen. Und so konnte sie tatsächlich für alle Zeiten und jegliche Konfessionen exemplarisch bleiben.

9. Was bleibt?

Das ganze Mittelalter hindurch war diese menschliche Urfrage an fromme Stiftungen und Gebete und deren Wirkung im Jenseits gebunden. Doch im Zeitalter des Humanismus erweitert sie sich um den weltlichen Aspekt, treibt im Grunde jeden denkenden Menschen um, und ihre Fassung lautet nunmehr: Was bleibt von mir im Diesseits? Wie ein Leitmotiv steht hier der berühmte Ausspruch Kaiser Maximilians über der Epoche, wenn er sein Alter Ego *Weißkunig* im gleichnamigen Roman gegen 1517 sagen lässt: «Wer ime [sich] in seinem leben kain gedachtnus macht, der hat nach seinem tod kain gedächtnus und desselben menschen wird mit dem glockendon vergessen [...]». Die Lösung des Problems besteht bei Maximilian in den Werken der Literatur und Bildenden Kunst, die neben dem Namen ihres Auftraggebers nun auch den ihrer Schöpfer durch die Zeiten tragen, zumal jenen Albrecht Dürers. Den Künstler selbst betrafen solche Überlegungen in ganz besonderem Maß, zunächst weil seine Ehe kinderlos geblieben war – kein Sohn also, der Namen, Werk und Werkstatt des Vaters hätte kongenial fortführen können; sodann aber auch, weil ihm mit seiner Kunstfertigkeit nun einmal von Gott die Gabe verliehen worden war, mit seinem «gemell [Gemälde] dy gestalt der menschen nach jrem sterben» für alle Zeiten zu bewahren.

Dieses Zitat findet sich bereits gegen 1513 im Einleitungsentwurf zum geplanten Malerei-Lehrbuch, könnte aber auch wie ein Motto über der letzten bedeutenden Werkgruppe in seinem Schaffen stehen: den Kupferstich-Porträts. Am Anfang hatten 1519 und 1523 zwei Bildnisse Albrechts von Brandenburg gestanden, bei denen es sich um Auftragswerke handelte. Dies ist beim berühmten *Bildnis des Willibald Pirckheimer* von 1524 (Abb. 52) wohl kaum der Fall gewesen, wenn man die lateinische Inschrift beim Wort nimmt. Der große Philologe hatte sie

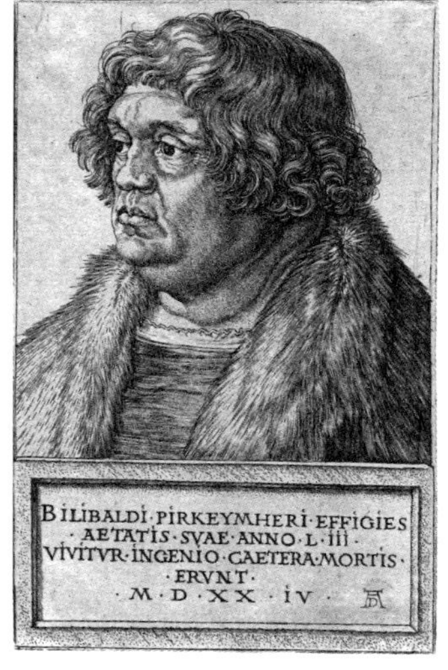

52 Albrecht Dürer, *Bildnis des Willibald Pirckheimer*, 1524, Kupferstich, 18,1 × 11,5 cm, Kunstsammlungen der Stadt Nürnberg, Inv.-Nr. Gr. A. 12882 (Slg. Diehl)

selbst aus den hinterlassenen Vergil-Abschriften seines Vaters ausgewählt, in dem Glauben, der römische Epiker habe den Pentameter auf den Tod seines berühmten Gönners Maecenas verfasst: «Man lebt durch den Geist; die übrigen Dinge werden des Todes sein.» Doch entscheidend ist die Stellung von Dürers Monogramm auf der Tafel, denn es ist hier nicht nur Bildsignatur, sondern erweckt den Eindruck, als sei es der Künstler selbst gewesen, der den Vers ausgewählt und auf den Dargestellten gemünzt habe. So tritt Dürer seinem Humanistenfreund für die Nachwelt auf Augenhöhe entgegen und lässt die Deutung zu, dass sich Pirckheimer ihm gegenüber mäzenatisch verhalten habe. Das fleischige Gesicht mit den großen, dunklen Augen lässt an jenen genuss- und sinnenfrohen, wohl auch impulsiven Menschen denken, als der er sich in Dürers venezianischen Briefen andeutet. Die meisterlich ausgeführten Partien des Haars und der Pelzschaube rufen nach dem höchsten Kunstlob, das die Zeit kannte: Etwas sehe aus, als ob es lebendig wäre. Pirckheimer schickte sein Porträt an Erasmus von Rotterdam, mit dem er im Briefwechsel stand, und dieser machte den beiden Nürnbergern nicht nur die Freude, es in seiner Studierstube aufzuhängen, sondern schrieb Pirckheimer huldvoll, dass er ja nun wie einst Alexander der Große seinen Apelles gefunden habe.

Dies mochte dann auch für ihn selbst gegolten haben, denn Dürer widmete dem großen Gelehrten bald darauf das mit Abstand aufwendigste unter seinen Kupferstich-Porträts. Fünf Jahre, nachdem er ihn in Brüssel gezeichnet hatte, zeigt Dürer *Erasmus von Rotterdam* als Wissenschaftler an seinem Arbeitsplatz in einem richtiggehenden Staatsporträt (Abb. 53). Die aufrechte, disziplinierte Körperhaltung, der konzentrierte Blick auf die Abfassung eines seiner begehrten Briefe, der zeremoniöse Prunk der schweren Schaube und die Bücherablage im Vordergrund erzeugen erhebliche Distanz zum Betrachter und bringen auch Dürers Respekt vor dem Humanistenfürsten zum Ausdruck. Doch fast noch mehr als bei Pirckheimer und Melanchthon (Abb. 51) sticht hier die mächtige, beinahe wie von selbst leuchtende Tafel mit den lateinischen und griechischen Inschriften ins Auge, die auch Dürers Widmungssignatur noch deutlicher hervortreten lässt. Genau darin liegt auch eine von Dürers Hauptabsichten bei diesem Blatt, denn unauflöslich und für alle Zeiten hatte er nun seine eigene Memoria mit jener von Europas berühmtestem Gelehrten verbunden.

Auch bei seinen etwa 26 erhaltenen gemalten Einzelporträts geht Dürer ganz am Ende noch einmal neue Wege. So ist das 1526 datierte *Bildnis des Johannes Kleeberger*, eines international tätigen Nürnberger Kaufmanns und kurz darauf auch Schwiegersohns Willibald Pirckheimers, eines der wenigen Tafelbilder Dürers mit explizit humanistischem Bezug (Abb. 47). Denn es verarbeitet und übersteigert jene Erfahrungen, die der Künstler auf dem Augsburger Reichstag von 1518 gemacht hatte, als er Kaiser Maximilian, Kardinal Albrecht, Lucas Cranach und andere bedeutende Zeitgenossen getroffen und gezeichnet hatte. In Augsburg aber hatte auch jene Bildnisgattung ihren Siegeszug angetreten, die nun zum bevorzugten Porträtmedium der Oberschicht werden sollte: die Medaille. So macht eine Fülle von Kipp- und Verfremdungseffekten zwischen den Gattungen den Reiz des kleinformatigen, doch äußerst lebendigen Kleeberger-

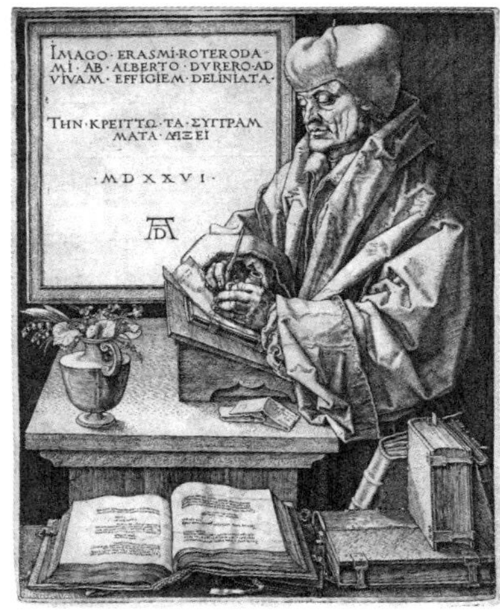

53 Albrecht Dürer, *Bildnis des Erasmus von Rotterdam*, 1526, Kupferstich, 24,7 × 19 cm, Kunstsammlungen der Stadt Nürnberg, Inv.-Nr. Gr. A. 12884 (Slg. Diehl)

Bildnisses aus: In antikischer Nacktheit ist die Büste mit größter Lebensnähe wiedergegeben, ragt jedoch wie abgeschnitten über den unteren Rand der Rundöffnung hinaus und wirft sogar einen Schlagschatten auf deren Vorderseite. Andererseits aber wird der dunkle Hintergrund ganz unräumlich behandelt, weil er die Umschrift in Capitalis trägt. Ganz unklassisch ist wiederum die Kopfwendung zum Betrachter, weil die Medaille, deren Charakteristika das Porträt formal so deutlich paraphrasiert, das strenge Profil bevorzugt.

Es ist bezeichnend und bemerkenswert, dass das letzte authentische Dürer-Bildnis, das noch unter Mitsprache des Dargestellten entstanden ist, kein Selbstporträt mit aller technischen Raffinesse des Kupferstichs, sondern eine *Medaille* ist (Abb. 54). 1527 erstmals aufgelegt, fällt das Bildnis mit der markanten Nase vor allem durch die Schlichtheit der Darstellung auf, die auf einem regelrechten Image-Wechsel beruht, indem nun Dürers lange (vermutlich künstliche) Locken einer zeittypischen, einfachen Kolbenfrisur gewichen sind. Man ist geneigt, darin kurz vor seinem Tod den äußeren Ausdruck einer Besinnung auf das Wesentliche zu erkennen. Doch vor allem verbildlicht die Medaille eine

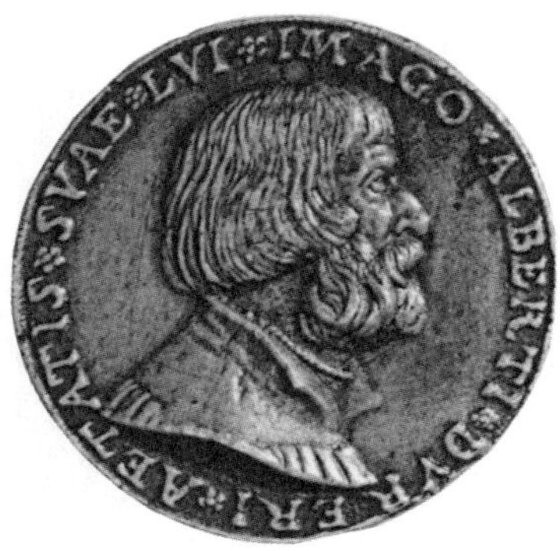

54 Matthes Gebel, *Medaille auf den Tod Albrecht Dürers*, 1528, Bronze, Dm. ca. 3,9 cm, Kunstsammlungen der Stadt Nürnberg, Inv.-Nr. PL 571 (Eigentum der Albrecht-Dürer-Haus-Stiftung e. V.)

Art Übergangsritual: Albrecht Dürer starb am 6. April 1528 zwar infolge einer langen, bis heute unbekannten Krankheit, aber am Schluss doch so rapide, dass die Zeitgenossen davon überrascht wurden. Zu den vielen deutschen und lateinischen Trauergedichten, die sie dem Weltberühmten nun widmeten, war die Medaille nun das einzige allgemein greifbare Kunstwerk, das Dürers Erscheinung auch in einem authentischen Bild festhielt. Der Künstler hatte sich also für jenen Bildnistyp entschieden, der durch beliebige Reproduzierbarkeit und den Reiz lebhaften Sammelns und Tauschens wie kein anderer mit der Kultur des europäischen Humanismus verbunden war. Die zweite Auflage trägt nun – wohl auf Betreiben des trauernden Pirckheimer – Dürers Todesdatum auf dem Revers und hat ihn damit vom Leben in den Tod begleitet.

Wenn es ein ultimativ letztes Werk von der Hand Albrecht Dürers gibt, dann ist es kein Kupferstich oder Holzschnitt, keine Zeichnung oder ein Gemälde. Es sind vielmehr zwei Bücher, an denen Dürer bis in seine letzten Stunden gesessen hat: die «Proportionslehre» von 1528 und die Überarbeitung der bereits drei Jahre zuvor erschienenen «Unterweisung der Messung» (Abb. 55). Hier schließt sich ein Kreis, denn abgesehen von einigen Zeichnungen waren die Buchholzschnitte des Lehrlings ja einstmals seine frühesten vollgültigen Werke gewesen (Abb. 2, 4, 5). Dürers letztem großen Projekt war nach der Rückkehr aus den Nieder-

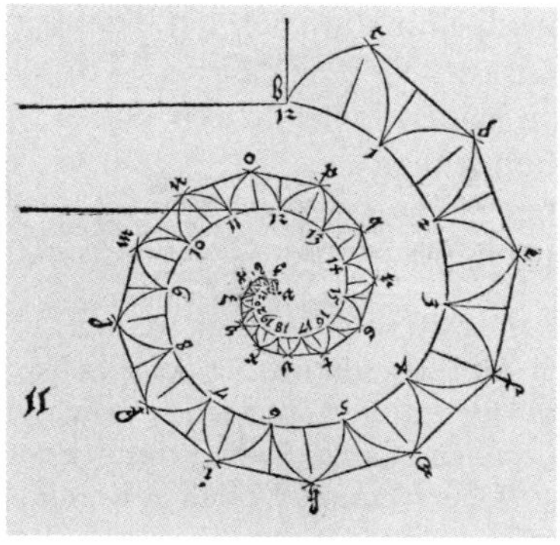

55 Albrecht Dürer, *Bestimmung der Längen der aufgesetzten Stacheln*, Fig. 11 aus: ders., *Vnderweisung der Messung*, Nürnberg 1525, Illustrationsholzschnitt, Kunstsammlungen der Stadt Nürnberg, Inv.-Nr. 1978/54 (Eigentum der Albrecht-Dürer-Haus-Stiftung e. V.)

landen im Sommer 1521 offenbar eine Art Paradigmenwechsel in seinem Schaffen vorausgegangen, denn ab 1525 gingen nun, beginnend mit der «Unterweisung der Messung», seine drei Lehrtraktate in den Druck.

In Rupprichs dreibändigem Kompendium mit Dürers schriftlichen Hinterlassenschaften machen persönliche Aufzeichnungen wie das niederländische Tagebuch den geringsten Teil aus, denn die beiden umfangreicheren Bände sind den literarischen und zeichnerischen Studien zum kunsttheoretischen und didaktischen Spätwerk gewidmet. Hier darf man staunen: Einer der größten Künstler seiner Epoche leistet es sich für einen Großteil seiner knapper werdenden Lebens- und Arbeitszeit, Grabstichel und Pinsel nur noch gelegentlich zur Hand zu nehmen. Nötig zum Broterwerb hatte er dies nun auch nicht mehr, denn durch das jugendliche Alter Karls V. waren die jährlichen 100 Gulden vom Kaiser nach menschlichem Ermessen bis an sein Lebensende gesichert. Zudem lagen für den internationalen Handel inzwischen so viele druckgrafische Werke bereit, dass auch hier stetige Einkünfte flossen – aus dem großen Grafiker und Maler wurde also ein forschender Privatier. So konnte Dürer mit diesem Rückzug in politisch unruhigen Zeiten endlich nachvollziehen, wozu sich sein wohlhabender Freund Pirckheimer schon 1502 entschlossen hatte. Auch die äußeren Umstände sprechen dafür, dass sich ihre enge Verbundenheit in den letzten Jahren noch einmal vertieft hat. Dies tritt besonders in Dürers Theorie-Diskursen zutage, die sich vor allem in den Vorwort-Entwürfen zu seinen Lehrbüchern finden und die tiefe intellektuelle Verbundenheit der beiden Männer dokumentieren. Schon die ersten Zeilen von Pirckheimers Elegie auf den Verstorbenen bestätigen dies aus der Gegenperspektive:

> Der du so viele Jahre treu mir und innigst verbunden,
> Albrecht, du meiner Seele liebstes und kostbarstes Gut –
> Ungezählte Gespräche ernsten und heiteren Sinnes
> sahen uns glücklich vereint, deutend die Rätsel der Welt.
> (Übersetzung: Wolfgang Kirsch)

Gemessen an den vier Kunstbüchern von 1498 beziehungsweise 1511 stellen die Lehrtraktate noch einmal eine bedeutsame Erweiterung dar, denn nun stammen neben den Illustrationen auch die Texte vollständig aus der Feder Dürers. Interessant ist auch hier ihre Vorgeschichte, weil Dürer bereits um 1513 den Entschluss gefasst hatte, unter dem Titel «Speis der Malerknaben» den ersten deutschen Malerei-Traktat zum Druck zu bringen. Dieses Projekt ist zwar kaum über den Titel und ein Verzeichnis der Kapitelüberschriften hinaus gediehen; aber es spricht manches dafür, die «Unterweisung» und die 1528 postum erschienene «Proportionslehre» als dessen verselbstständigte Bestandteile anzusehen. Die Wirkungsgeschichte dieser Werke ist eine merkwürdige und besondere: Auf der einen Seite gibt es nur wenige (und eher unbedeutende) Kunst- oder Bauwerke aus späteren Jahrhunderten, bei denen der Rückgriff auf eines seiner Bücher wahrscheinlich ist. Doch andererseits darf man nicht vergessen, dass die großen italienischen Theoretiker von Filarete über Leon Battista Alberti bis hin zu Leonardo bei Dürers Lebzeiten keinen ihrer Gedanken zum Druck gebracht hatten und daher – recht altmodisch – nur in Abschriften kursierten. Zudem konnte es Dürer vor seinem Tod noch in die Wege leiten, dass seine Werke von dem befreundeten Joachim Camerarius, Lehrer am Egidiengymnasium, ins Lateinische übersetzt und bis 1538 auch für den internationalen Markt gedruckt wurden. Dabei bewährte es sich, dass es Dürer zuvor schon auf Deutsch exemplarisch gelungen war, überhaupt eine angemessene Wissenschaftssprache zu entwickeln, mit der sich die behandelten Themenkreise verständlich darstellen ließen: Geometrie, Algebra, Perspektivik und Optik in der «Unterweisung»; Anatomie, Kunsttheorie und Vermessungskunde in der «Proportionslehre». Doch das Bemühen um sprachliche Klarheit wäre natürlich ohne die grafische Präzision von ästhetisch ansprechenden Illustrationen kaum vorstellbar, so dass sich beide Vermittlungsmedien hier ideal ergänzen. Ein wenig fremdartig in seinem Schaffen wirkt 1527 dagegen Dürers zweites Theoriebuch, das den Bau von Befestigungsanlagen behandelt. Es ist Erzherzog Ferdinand gewidmet, dem Bruder des Kaisers, Herrn über die habsburgischen Erblande und soeben zum König von Böhmen und Ungarn erhoben. Hier war er der zunehmenden Aggression des Osmanischen Reichs ausgesetzt, und eine Festungsbaukunde mag da willkommen gewesen sein. Auch stand Dürer über seine Pension formal ja noch immer im Sold des Hauses Habsburg, und so hat er sich mit der Widmung an Ferdinand nicht zuletzt als treuer und dankbarer Gefolgsmann von Kaiser und Reich in Erinnerung gebracht. «Unterweisung» und «Proportionslehre» hingegen waren beide nicht nur Willibald Pirckheimer gewidmet, sondern in ihrer Gesamtheit wie ein Brief an den Freund abgefasst. Pirckheimer revanchierte sich bei Dürer auf Augenhöhe: 1527 widmete er ihm die Edition der *Charakteres* des Theophrast, ein philologisches Kabinettstück, indem er den Text zuvor aus dem Griechischen ins Lateinische übertragen hatte – die mit Abstand größte literarische Ehre, die Dürer bei Lebzeiten zuteil wurde.

Doch war es Dürer mit seinen Büchern letztlich noch um viel mehr gegangen: darum nämlich, überhaupt den Beweis anzutreten, dass «Kunst» als akademische Disziplin unterrichtbar war und dass sich darüber Theorie- und Lehrbücher auf hohem Niveau verfassen ließen. Auch wenn es noch anderthalb Jahrhunderte dauern sollte, bis 1662 die erste Kunstakademie im deutschsprachigen Raum gegründet wurde, hatten die Traktate damit ihr eigentliches Ziel erreicht – denn wohl kaum zufällig vollzog sich diese Gründung in Nürnberg, und einer ihrer maßgeblichen Initiatoren war der berühmte Maler und Kunstschriftsteller Joachim von Sandrart, ein erklärter Bewunderer Albrecht Dürers und 1678 auch Verfasser seiner ersten deutschsprachigen Biografie. Mit ihr war er eher einem bereits vorhandenen Bedürfnis nachgekommen, als dass er Dürer damit der Vergessenheit hätte entreißen müssen. Die Fülle der überlieferten Werke in Malerei und Zeichnung, vor allem aber die heute noch nach Tausenden zählenden Abzüge seiner Kupferstiche, Holzschnitte und Radierungen haben sein Schaffen immer präsent gehalten und dienen seither zahllosen Künstlern bis in die unmittelbare Gegenwart als Inspiration und Reibungspunkt.

Dankbar hat auch Sandrart auf die einst von Konrad Celtis lancierte Stilisierung Dürers zum «deutschen Apelles» zurückgegriffen, die auf diese Weise eine anhaltende, inzwischen vielfach kritisch gesehene Nachwirkung zeitigen sollte. Denn für die Geschichte des deutschen Patriotismus und der Nationwerdung bis zur Reichsgründung im Jahre 1871 – in dem man auch Dürers 400. Geburtstag mit entsprechend großem Pathos feierte – war er eine feste Größe. Dies hatte sich schon bei seinem 300. Todestag 1828 abgezeichnet, zu dem man sich in Nürnberg anschickte, ein «Wartburgfest der deutschen Kunst» zu veranstalten. Seit damals ist das Dürer-Haus (Abb. 1), in dem er 20 Jahre lang wirkte und schließlich auch starb, in städtischem Besitz und wurde damit zur ersten Künstler-Gedenkstätte Deutschlands, zugleich einer der ältesten weltweit. In der gegenwärtigen Präsentation zu seinem Leben und Werk spielen solche nationalen Zuschreibungen nur noch unter historischen Gesichtspunkten eine Rolle. Die Qualität und Verbreitung vor allem seines druckgrafischen Werks ist im vollen Wortsinne grenzenlos, und durch die Revolution der Vervielfältigungstechniken seit dem 19. Jahrhundert ist sie geradezu inflationär geworden. Heute kann man sich das Münchner *Selbstbildnis* (Abb. 25) in höchster Auflösung auf den eigenen Rechner laden und so am Bildschirm Details studieren, deren Nahsicht am Original unweigerlich Alarm auslösen würde. Und wenn die Wiener Albertina nach Jahren wieder einmal ihre Dürer-Ikone, den *Feldhasen* von 1502 (Abb. 33), im Rahmen einer Ausstellung präsentiert, kann sie mit einem weltweiten Zulauf rechnen, der mit der rein kunsthistorischen Zuschreibung von Bedeutsamkeit wohl nur noch bedingt zu tun hat. Kein Zweifel: Dürer lässt sich als echter Klassiker den anderen beiden Titanen der deutschen Kulturgeschichte, Johann Sebastian Bach und Johann Wolfgang von Goethe, gleichwertig an die Seite stellen und gehört damit der ganzen Welt. So war neben Wien, Berlin und Nürnberg bis in die Zwischenkriegszeit London einer der traditionsreichsten Vororte der Dürer-Forschung, an die das British Museum immer wieder anknüpft. So sind dort ebenso wie in Aachen und Brüssel große Ausstellungen zur niederländischen Reise von 1520/21 geplant. Und respektvoll nimmt man zur Kenntnis, dass die einzige wissenschaftliche Fachtagung zum 500. Erscheinen des *Melencolia*-Kupferstichs (Abb. 43) 2014 im berühmten Palazzo Schifanoia in Ferrara stattfand.

* * *

War der junge Dürer gegenüber dem welterfahrenen und weithin vernetzten Celtis eher der Empfangende, so hat sich dies durch seine Freundschaft mit Willibald Pirckheimer geändert: Im regen Austausch über die theoretischen und ikonologischen Bedingungen künstlerischen Schaffens begegneten sich die beiden Männer auf Augenhöhe, allen Standes- und Bildungsunterschieden zum Trotz. Nur wenige Gassen voneinander entfernt saßen sie, beide ohne materielle Sorgen, in ihren Studierstuben und kamen den hohen Anforderungen, die ihnen ihre vielfachen Begabungen auferlegten, mit Leidenschaft nach. So waren Celtis und Pirckheimer genau zur rechten Zeit an Dürers Seite getreten; ohne diese beiden kulturgeschichtlichen Glücksfälle ist das Jahrhundertphänomen Dürer nicht zu erklären. Was sein Leben und Werk aus diesen Begegnungen heraus so einzigartig macht, ist das von aufrichtiger Überzeugung getragene, bescheiden-stolze Sendungsbewusstsein: Wenn einem solche Geistesgaben und Talente gegeben waren, dann reichte es vor Gott und den Mitmenschen nicht mehr aus, ein arbeitsames, rechtschaffenes und wohltätiges Leben geführt zu haben; dann musste man aktiv daran mitwirken, die Welt mit seiner Kunst und seiner Lehre zu einer besseren zu machen.

Literatur

Die Bücher, Aufsätze und Miszellen zu Albrecht Dürer können derzeit auf etwa 15 000 Titel geschätzt werden. Während das Gesamtverzeichnis der Druckgrafik bis 2004 neu publiziert wurde, sind die Œuvrekataloge der Gemälde und der Zeichnungen zwar noch immer unverzichtbar, aber überholt. Auch die Edition von Dürers schriftlichem Nachlass ist revisionsbedürftig. An der Universitätsbibliothek Heidelberg ist 2020 das Projekt *duerer.digital* von der DFG bewilligt worden, das die fortschreitende online-Erschließung und -Bereitstellung von Werkverzeichnissen, Literatur, Quellentexten und Werken des Dürer-Nachlebens zum Ziel hat.

Überblicke und Werkverzeichnisse

Mende, Matthias: *Dürer-Bibliographie. Im Auftrage des Germanischen Nationalmuseums Nürnberg zum Dürer-Jubiläumsjahr 1971*, Wiesbaden 1971; Winkler, Friedrich: *Die Zeichnungen Albrecht Dürers*, 4 Bde., Berlin 1936–1939; Lüdecke, Heinz/Susanne Heiland: *Dürer und die Nachwelt. Urkunden, Briefe, Dichtungen und wissenschaftliche Betrachtungen aus vier Jahrhunderten*, Berlin 1955; Rupprich, Hans: *Dürer. Schriftlicher Nachlass*, 3 Bde., Berlin 1956–1969; Anzelewsky, Fedja: *Albrecht Dürer. Das malerische Werk*, 2 Bde., Berlin 1991; Rupprich, Hans (Hg.): *Der Briefwechsel des Konrad Celtis*, München 1934; Reicke, Emil u. a. (Hg.): *Willibald Pirckheimers Briefwechsel*, 7 Bde., München 1940–2009; Strauss, Walter L.: *The Complete Drawings of Albrecht Dürer*, 6 Bde. New York 1974; Goldberg, Gisela/Bruno Heimberg/Martin Schawe: *Albrecht Dürer. Die Gemälde der Alten Pinakothek*, Heidelberg 1998; Schoch, Rainer/Matthias Mende/Anna Scherbaum u. a.: *Albrecht Dürer. Das druckgraphische Werk*, 3 Bde., München/London/New York 2001–2004

Monografien und Ausstellungskataloge

Thausing, Moriz: *Dürer. Geschichte seines Lebens und seiner Kunst*, 2 Bde., Leipzig [2]1884; *Albrecht Dürer. 1471–1528*, Kat.Ausst. Germanisches Nationalmuseum Nürnberg 1971, München 1971; Panofsky, Erwin: *Das Leben und die Kunst Albrecht Dürers*, Hamburg 1977 (engl. EA Princeton 1943); Campbell Hutchison, Jane: *Albrecht Dürer. Eine Biographie*, Frankfurt/New York 1996; Rebel, Ernst: *Albrecht Dürer. Maler und Humanist*, München 1996; Mende, Matthias: *Albrecht Dürer – ein Künstler in seiner Stadt*,

Kat.Ausst. Stadtmuseum Nürnberg 2000, ebd. 2000; Bartrum, Giulia: *Albrecht Dürer and his Legacy. The Graphic Work of a Renaissance Artist*, Kat.Ausst. British Museum 2002/03, London 2002; Schauerte, Thomas: *Albrecht Dürer: Das große Glück. Kunst im Zeichen des geistigen Aufbruchs*, Kat.Ausst. Kulturgeschichtliches Museum Osnabrück, Bramsche 2003; Wood, Christopher S.: *Forgery, Replica, Fiction. Temporalities of German Renaissance Art*, Chicago 2008; Silver, Larry/Jeffrey Chipps Smith (Hg.): *The Essential Dürer*, Philadelphia 2010; Hess, Daniel/Thomas Eser (Hg.): *Der frühe Dürer*, Kat.Ausst. Germanisches Nationalmuseum 2012, Nürnberg 2012; Schauerte, Thomas: *Neuer Geist und neuer Glaube. Dürer als Zeitzeuge der Reformation*, Kat.Ausst. Albrecht-Dürer-Haus Nürnberg, Petersberg 2017; Aikema, Bernard/Andrew John Martin (Hg.): *Dürer e il rinascimento tra Germania e Italia*, Kat.Ausst. Palazzo Reale Mailand 2018, ebd. 2018; Schauerte, Thomas: *Dürer. Das ferne Genie. Eine Biographie*, Ditzingen [2]2020

Weiterführende Literatur

Holzberg, Niklas: *Willibald Pirckheimer. Griechischer Humanismus in Deutschland*, München 1981; Müller, Jan-Dirk: *Gedechtnus. Literatur und Hofgesellschaft um Maximilian I.*, München 1982; Schuster, Peter-Klaus: *Melencolia I. Dürers Denkbild*, 2 Bde., Berlin 1991; Krüger, Peter: *Dürers Apokalypse. Zur poetischen Struktur einer Bilderzählung der Renaissance*, Wiesbaden 1996; Schauerte, Thomas: *Die Ehrenpforte für Kaiser Maximilian I. Dürer und Altdorfer im Dienst des Herrschers*, München/Berlin 2001; Sahm, Heike: *Dürers kleinere Texte. Konventionen als Spielraum für Individualität*, Tübingen 2002; Vogt, Christine: *Das druckgraphische Bild nach Vorlagen Albrecht Dürers. Zum Phänomen der graphischen Kopie (Reproduktion) zu Lebzeiten Dürers nördlich der Alpen*, München/Berlin 2008; Münch, Birgit Ulrike, *Saints Amidst the Inferno. Humanism in Wittenberg's Pre-Reformation Art. A New Exegesis of Dürer's «Martyrdom of the Ten Thousand»*, in: Melion, Walter S. (Hg.): *Imago Exegetica. Visual Images as Exegetical Instruments, 1400–1700*, Leiden 2014, S. 635–666; Schauerte, Thomas: *Dürer & Celtis. Die Nürnberger Poetenschule im Aufbruch*, München 2015; Münch, Birgit Ulrike: *Praying Against Pox. New Reflections on Dürer's «Jabach Altarpiece»*, in: Taylor Cashion, Debra u. a. (Hg.), *The Primacy of the Image in Northern European Art 1400–1700. Essays in Honor of Larry Silver*, Amsterdam 2017, S. 256–268; Schauerte, Thomas: *Albrecht Dürer: Mädchen mit Fackel. Eine Studie*, Oetwil a. d. Limmat 2019; Niehr, Klaus/Judith Tralles (Hg.): *Welfen sammeln Dürer*, Kat. Ausst. Herzog August Bibliothek Wolfenbüttel 2019, ebd. 2019

Bildnachweis

15: Wien, Albertina
16: bpk | RMN – Grand Palais | Jean-Gilles Berizzi
17: bpk | RMN – Grand Palais | Michèle Bellot
18: bpk | Gemäldegalerie, SMB | Jörg P. Anders
19: bpk | Joseph Martin
25: bpk | Bayerische Staatsgemäldesammlungen
26: bpk | Städel Museum und bpk | Rheinisches Bildarchiv Köln | Peter Kunz
27: bpk | Bayerische Staatsgemäldesammlungen
33: Wien, Albertina
34: bpk | Alfredo Dagli Orti
35: bpk | Scala
36: Photo Fine Art Images | Heritage Images | Scala, Florenz
44: bpk | Bayerische Staatsgemäldesammlungen
45: White Images | Scala, Florenz
46: bpk | Bayerische Staatsgemäldesammlungen
47: Photo Fine Art Images | Heritage Images | Scala, Florenz

Personenregister